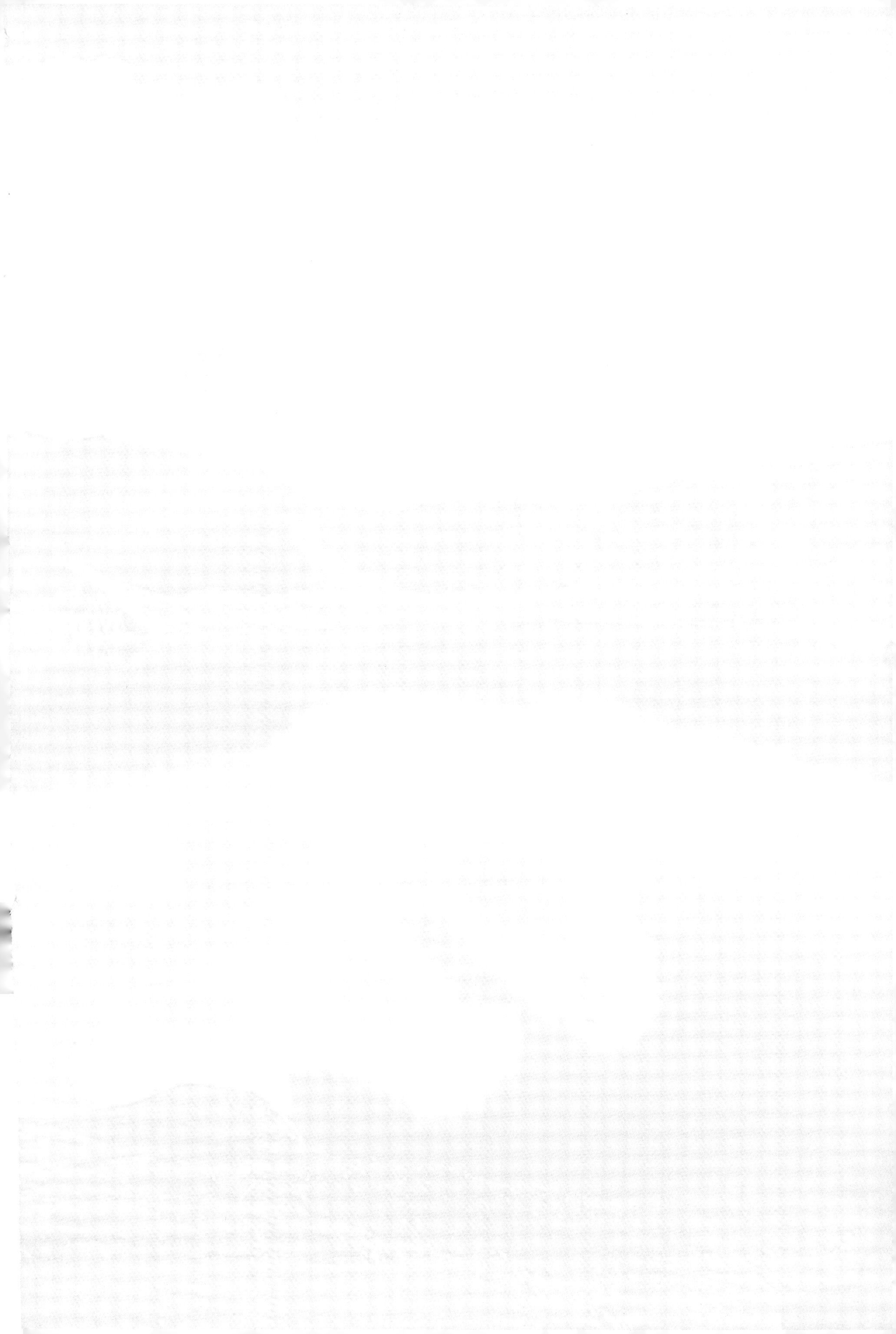

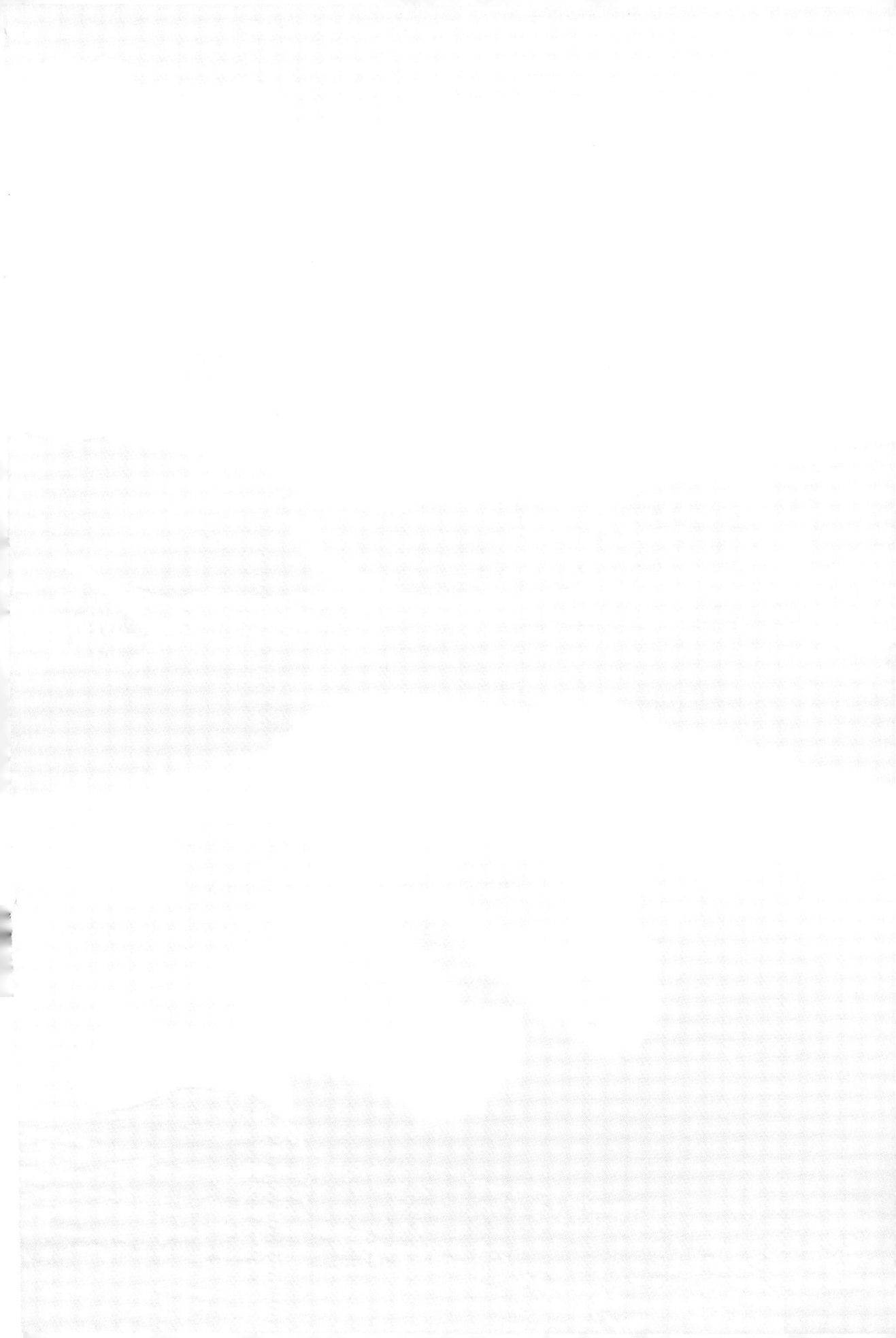

此吳愙齋中丞北行日記，其中韓邊外一事足為此書生色。宣示朝廷德化，果能感格傾誠，中丞當日可謂躊躇滿志。以是知邊隅荒徼每有負固不服激而成變者，半由疆吏之不善化導耳。壬戌十月，雨蒼表侄攜示此冊，留案頭數日，閱畢附記。觀燈道人沈煦孫

吉林全書

著述編

⑨

吉林文史出版社

圖書在版編目（CIP）數據
吴大澂集．一／(清)吴大澂撰．-- 長春：吉林文史出版社，2024. 12. --（吉林全書）. -- ISBN 978-7-5752-0836-9
Ⅰ．Z429.52
中國國家版本館 CIP 數據核字第 2024T4V565 號

WU DACHENG JI YI
吴大澂集　一

撰　　者　［清］吴大澂
出 版 人　張　强
責任編輯　王　非　王麗環
封面設計　溯成設計工作室
出版發行　吉林文史出版社
地　　址　長春市福祉大路5788號
郵　　編　130117
電　　話　0431-81629356
印　　刷　吉林省吉廣國際廣告股份有限公司
印　　張　25
字　　數　96千字
開　　本　787mm×1092mm　1/16
版　　次　2024年12月第1版
印　　次　2024年12月第1次印刷
書　　號　ISBN 978-7-5752-0836-9
定　　價　125.00圓

《吉林全書》編纂委員會

總主编 曹路寶

著述編主编 胡維革 李德山 劉立强

《吉林全書》學術顧問委員會

學術顧問（按姓氏音序排列）

邴　正　陳紅彦　程章燦　杜澤遜　關樹東　黄愛平　黄顯功　江慶柏
姜偉東　姜小青　李花子　李書源　李　岩　李治亭　厲　聲　劉厚生
劉文鵬　全　勤　王　鍔　韋　力　姚伯岳　衣長春　張福有　張志清

總序

『長白雄東北，嵯峨俯塞州。』吉林省地處中國東北中心區域，是中華民族世代生存融合的重要地域，素有『白山松水』之地的美譽。歷史上，華夏、濊貊、肅慎和東胡族系先民很早就在這片土地上繁衍生息，高句麗、渤海國等中國東北少數民族政權在白山松水間長期存在，以契丹族、女真族、蒙古族、滿族融合漢族在内的多民族形成的遼、金、元、清四個朝代，共同賦予吉林歷史文化悠久獨特的優勢和魅力，决定了吉林文化不可替代的特色與價值，具有緊密呼應中華文化整體而又與衆不同的生命力量，見證了中華民族共同體的融鑄和我國統一多民族國家的形成與發展。

提到吉林，自古多以千里冰封的寒冷氣候爲人所知，一度是中原人士望而生畏的苦寒之地，一派肅殺之氣。再加上吉林文化在自身發展過程中存在着多次斷裂，致使衆多文獻湮没、典籍無徵，一時多少歷史文化精粹『明珠蒙塵』，因此，形成了一種吉林缺少歷史積澱，文化不若中原地區那般繁盛的偏見。實際上，在數千年的漫長歲月中，吉林大地上從未停止過文化創造，自青銅文明起，從先秦到秦漢，再到隋唐直至明清，吉林地區不僅文化上不輸中原地區，還對中華文化産生了深遠的影響，爲後人留下了衆多優秀古籍，涵養着吉林文化的根脉，猶如璀璨星辰，在歷史的浩瀚星空中閃耀着奪目光輝，標注着地方記憶的傳承與中華文明的賡續。我們需要站在新的歷史高度，用另一種眼光去重新審視吉林文化的深邃與廣闊，通過豐富的歷史文獻典籍去閱讀吉林文化的傳奇與輝煌。

吉林歷史文獻典籍之豐富，源自其歷代先民的興衰更替、生生不息。吉林文化是一個博大精深的體

系，從左家山文化的『中華第一龍』，到西團山文化的青銅時代遺址，再到二龍湖遺址的燕國邊城，都見證了吉林大地的文明在中國歷史長河中的肆意奔流。早在兩千餘年前，高句麗人的《黄鳥歌》《人參贊》以及《留記》等文史作品就已在吉林誕生，成爲吉林地區文學和歷史作品的早期代表作。高句麗文人之《新集》，渤海國人『疆理雖重海，車書本一家』之詩篇，金代海陵王詩詞中的『一咏一吟，冠絶當時』，再到金代文學的『華實相扶，骨力遒上』，皆凸顯出吉林不遜文教、獨具風雅之本色。

吉林歷史文獻典籍之豐富，源自其地勢四達并流、山水環繞。吉林土地遼闊而肥沃，山河壯美而令人神往，吉林大地可耕可牧、可漁可獵，無門庭之限，亦無山河之隔，進出便捷，四通八達。沈兆禔在《吉林紀事詩》中寫道，『肅慎先徵孔氏書』，印證了東北邊疆與中原交往之久遠。早在夏代，居住於長白山脚下的肅慎族就與中原建立了聯係。一部《吉林通志》，『考四千年之沿革，挈領提綱；綜五千里之方輿，辨方正位』，從時間和空間兩個維度，寫盡吉林文化之淵源深長。

吉林歷史文獻典籍之豐富，源自其民風剛勁、民俗絢麗。《長白徵存録》寫道，『日在深山大澤之中，伍鹿豕、耦虎豹，非素嫻技藝，無以自衛』，描繪了吉林民風的剛勁無畏，爲吉林文化平添了幾分豪放之感。清代藏書家張金吾也在《金文最》中評議，『知北地之堅强，絶勝江南之柔弱』，足可見，吉林大地與生俱來的豪健英杰之氣。同時，與中原文化的交流互通，也使邊疆民俗與中原民俗相互影響、不斷融合，既體現出敢於拼搏、鋭意進取的開拓精神，又兼具脚踏實地、穩中求實的堅韌品格。

吉林歷史文獻典籍之豐富，源自其諸多名人志士、文化先賢。自古以來，吉林就是文化的交流彙聚之地，從遼、金、元到明、清，每一個時代的文人墨客都在這片土地留下了濃墨重彩的文化印記。特别是，

清代東北流人的私塾和詩社，爲吉林注入了新的文化血液，用中原的文化因素教化和影響了東北的人文氣質和文化形態；至近代以『吉林三杰』宋小濂、徐鼐霖、成多禄爲代表的地方名賢，以及寓居吉林的吴大澂、金毓黻、劉建封等文化名家，將吉林文化提升到了一個全新的高度，他們的思想、詩歌、書法作品中無一不體現着吉林大地粗狂豪放、質樸豪爽的民族氣質和品格，滋養了孜孜矻矻的歷代後人。

盛世修典，以文化人，是中華民族延續至今的優良傳統。我們在歷史文獻典籍中尋找探究有價值、有意義的歷史文化遺産，於無聲中見證了中華文明的傳承與發展。吉林省歷來重視地方古籍與檔案文獻的整理出版。自二十世紀八十年代以來，李澍田教授組織編撰的《長白叢書》，開啓了系統性整理、組織化研究吉林文獻典籍的先河，贏得了『北有長白，南有嶺南』的美譽；進入新時代以來，鄭毅教授主編的《長白文庫》叢書，繼續肩負了保護、整理吉林地方傳統文化典籍，弘揚民族精神的歷史使命，從大文化的角度折射出吉林文化的繽紛异彩。隨着《中國東北史》和《吉林通史》等一大批歷史文化學術著作的問世，形成了獨具吉林特色的歷史文化研究學術體系和話語體系，對融通古今、賡續文脉發揮了十分重要的作用。正是擁有一代又一代富有鄉邦情懷的吉林文化人的辛勤付出和豐碩成果，使我們具備了進一步完整呈現吉林歷史文化發展全貌，淬煉吉林地域文化之魂的堅實基礎和堅定信心。

當前，吉林振興發展正處在滚石上山、爬坡過坎的關鍵時期，機遇與挑戰并存，困難與希望同在。站在這樣的歷史節點，迫切需要我們堅持高度的歷史自覺和人文情懷，以文獻典籍爲載體，全方位梳理和展示吉林政治、經濟、社會、文化發展的歷史脉絡，讓更多人瞭解吉林歷史文化的厚度和深度，感受這片土地獨有的文化基因和精神氣質。

鑒於此，吉林省委、省政府作出了實施《吉林全書》編纂文化傳承工程的重大文化戰略部署，這不僅是深入學習貫徹習近平文化思想、認真落實黨中央關於推進新時代古籍工作要求的務實之舉，也是推進吉林優秀傳統文化保護傳承、建設文化强省的重要舉措。歷史文獻典籍是中華文明歷經滄桑留下的最寶貴的東西，是吉林優秀歷史文化『物』的載體，彙聚了古人思想的寶藏、先賢智慧的結晶。對歷史最好的繼承，就是創造新的歷史。傳承延續好這些寶貴的民族記憶，就是要通過深入挖掘古籍藴含的哲學思想、人文精神、價值理念、道德規範，推動中華優秀傳統文化創造性轉化、創新性發展，作用于當下以及未來的經濟社會發展，更好地用歷史映照現實、遠觀未來。這是我們這代人的使命，也是歷史和時代的要求。

從《長白叢書》的分散收集，到《長白文庫》的萃取收録，再到《吉林全書》的全面整理，以歷史原貌和文化全景的角度，進一步闡釋了吉林地方文明在中華文明多元一體進程中的地位作用，講述了吉林人民在不同歷史階段爲全國政治、經濟、文化繁榮所作的突出貢獻，勾勒出吉林文化的質實貞剛和吉林精神的雄健磊落、慷慨激昂，引導全省廣大幹部群衆更好地瞭解歷史、瞭解吉林，挺起文化脊梁、樹立文化自信，不斷增强砥礪奮進的恒心、韌勁和定力，持續激發創新創造活力，提振幹事創業的精氣神，爲吉林高品質發展明顯進位、全面振興取得新突破提供有力文化支撑，彙聚强大精神力量。

爲扎實推進《吉林全書》編纂文化傳承工程，我們組建了以吉林東北亞出版傳媒集團爲主體，涵蓋高等院校、研究院所、新聞出版、圖書館、博物館等多個領域專業人員的《吉林全書》編纂委員會，并吸收國内知名清史、民族史、遼金史、東北史、古典文獻學、古籍保護、數字技術等領域專家學者組成顧問委員會，經過認真調研、反復論證，形成了《〈吉林全書〉編纂文化傳承工程實施方案》，確定了『收集要

全、整理要細、研究要深、出版要精』的工作原則，明確提出在編纂過程中不選編、不新創，尊重原本、致力全編，力求全方位展現吉林文化的多元性和完整性。在做好充分準備的基礎上，《吉林全書》編纂文化傳承工程於二〇二四年五月正式啓動。

爲高質量完成編纂工作，編委會對吉林古籍文獻進行了空前的彙集，廣泛聯絡國内衆多館藏單位，尋訪民間收藏人士，重點以吉林省方志館、東北師範大學圖書館、長春師範大學圖書館、吉林省社科院爲收集源頭開展了全面的挖掘、整理和集納；同時，還與國家圖書館、上海圖書館、南京圖書館、遼寧省圖書館、吉林省圖書館、吉林市圖書館等館藏單位及各地藏書家進行對接洽談，獲取了充分而精准的文獻信息。同時，專家學者們也通過各界友人廣徵稀見，在法國國家圖書館、日本國立國會圖書館、韓國國立中央圖書館等海外館藏機構搜集到諸多珍貴文獻。在此基礎上，我們以審慎的態度對收集的書目進行甄别、分類、整理和研究，形成了擬收録的典藏文獻名録，分爲著述編、史料編、雜集編和特編四個類别。此次編纂工程不同於以往之處，在於充分考慮吉林的地理位置和歷史變遷，將散落海内外的日文、朝鮮文、俄文、英文等不同文字的相關文獻典籍一并集納收録，并以原文搭配譯文的形式收於特編之中。截至目前，我們已陸續對一批底本最善、價值較高的珍稀古籍進行影印出版，爲館藏單位、科研機構、高校院所以及歷史文化研究者、愛好者提供參考和借鑒。

『周雖舊邦，其命維新』，文獻典籍最重要的價值在於活化利用。編纂《吉林全書》并不意味着把古籍束之高閣，而是要在『整理古籍、複印古書』的基礎上，加强對歷史文化發展脉絡的前後貫通、左右印證，更好地服務於對吉林歷史文化的深入挖掘研究。爲此，我們同步啓動實施了『吉林文脉傳承工程』，

旨在通過『研究古籍、出版新書』，讓相關學術研究成果以新編新創的形式著述出版，借助歷史智慧和文化滋養，通過創造性轉化、創新性發展，探尋當前和未來的發展之路，以守正創新的正氣和鋭氣，賡續歷史文脉、譜寫當代華章。

做好《吉林全書》編纂文化傳承工程是一項『汲古潤今，澤惠後世』的文化事業，責任重大、使命光榮。我們將秉持敬畏歷史、敬畏文化之心，以精益求精、止於至善的工作信念，上下求索、耕耘不輟，爲實現文化種子『藏之名山，傳之後世』的美好願景作出貢獻。

《吉林全書》編纂委員會

二〇二四年十二月

凡例

一、《吉林全書》（以下簡稱《全書》）旨在全面系統收集整理和保護利用吉林歷史文獻典籍，傳播弘揚吉林歷史文化，推動中華優秀傳統文化傳承發展。

二、《全書》收録文獻地域範圍，首先依據吉林省當前行政區劃，然後上溯至清代吉林將軍、寧古塔將軍所轄區域内的各類文獻。

三、《全書》收録文獻的時間範圍，分爲三個歷史時段，即一九一一年以前，一九一二至一九四九年，一九四九年以後。每個歷史時段的收録原則不同，即一九一一年以前的重要歷史文獻，收集要『全』；一九一二至一九四九年間的重要典籍文獻，收集要『精』；一九四九年以後的著述豐富多彩，收集要『精益求精』。

四、《全書》所收文獻以『吉林』爲核心，着重收録歷代吉林籍作者的代表性著述，流寓吉林的學人著述，以及其他以吉林爲研究對象的專門著述。

五、《全書》立足於已有文獻典籍的梳理、研究，不新編、新著、新創。出版方式是重印、重刻。

六、《全書》按收録文獻内容，分爲著述編、史料編、雜集編和特編四類。

著述編收録吉林籍官員、學者、文人的代表性著作，亦包括非吉林籍人士流寓吉林期間創作的著作。作品主要爲個人文集，如詩集、文集、詞集、書畫集等。

史料編以歷史時間爲軸，收録一九四九年以前的歷史檔案、史料、著述，包含吉林的考古、歷史、地理資料等；收録吉林歷代方志，包括省志、府縣志、專志、鄉村村約、碑銘格言、家訓家譜等。

雜集編收録關於吉林的政治、經濟、文化、教育、社會生活、人物典故、風物人情的著述。

特編收録就吉林特定選題而研究編著的特殊體例形式的著述。重點研究認定『滿鐵』文史研究資料和東北亞各民族不同語言文字的典籍等。關於特殊歷史時期，比如，東北淪陷時期日本人以日文編寫的『滿鐵』資料作爲專題進行研究，以書目形式留存，或進行數字化處理。開展對滿文、蒙古文，高句麗史、渤海史、遼金史的研究，對國外研究東北地區史和高句麗史、渤海史、遼金史的研究成果，先作爲資料留存。

七、《全書》出版形式以影印爲主，影印古籍的字體版式與文獻底本基本保持一致。

八、《全書》整體設計以正十六開開本爲主，對於部分特殊内容，如，考古資料等書籍采用一比一的比例還原呈現。

九、《全書》影印文獻每種均撰寫提要或出版説明，介紹作者生平、文獻内容、版本源流、文獻價值等情況。影印底本原有批校、題跋、印鑒等，均予保留。底本有漫漶不清或缺頁者，酌情予以配補。

十、《全書》所收文獻根據篇幅編排分册，篇幅適中者單獨成册，篇幅較大者分爲序號相連的若干册，篇幅較小者按類型相近或著作歸屬原則數種合編一册。數種文獻合編一册以及一種文獻分成若干册的，頁碼均單排。若一本書中收録兩種及以上的文獻，將設置目録。各册按所在各編下屬細類及全書編目順序編排序號，全書總序號則根據出版時間的先後順序排列。

吴大澂集 一

［清］吴大澂 撰

提要

吳大澂（一八三五至一九〇二），清代學者、金石學家、古文字學家、書畫家。原名大淳，後避同治帝諱改名大澂。字止敬，又字清卿，號恒軒，晚號愙齋、白雲山樵，晚年又署白樵病叟。江蘇吴縣（今蘇州）人。同治十年（一八七一）進士，授翰林院編修，後任陝甘學政。光緒六年（一八八〇），隨吉林將軍銘安辦理東北邊防。光緒十年（一八八四），遷官左副都禦史，前往朝鮮處理甲申政變。次年赴吉林與俄使勘界。光緒十二年（一八八六），升任廣東巡撫。光緒十八年（一八九二），授湖南巡撫。中日甲午戰争爆發，自請率湘軍禦敵，兵敗被革職。

本文集收録著述五種：

一、《皇華紀程》全書詩文并重，嚴謹翔實，於辦理軍政要務、琿春勘界前後事宜著墨最多，并有多處細節描寫與情感抒發。

二、《吉林勘界記》共四頁，主要記載了吴大澂與沙俄代表進行勘界談判及重新樹立界牌的過程。吴大澂在與沙俄代表進行邊界談判時，以『一寸土地盡寸心』『應争者必争、應辨者必辦』的愛國情懷，不辱使命，取得了重立『土字牌』、收回黑頂子地方（今琿春市敬信鎮）、争得圖們江口出海權三大功績，捍衛了國家權益和民族尊嚴，爲他的人生和清朝歷史書寫了光輝的一頁。

三、《字説》，是書以六書理論爲依據，對見於鐘鼎彝器上的文字加以考釋，於其時代之分、音釋之

异、真僞之别，折中衆説，多有創見。與《説文古籀補》相互表裏，同時成稿。共三十二篇。是書作於光緒十年(一八八四)，有刻本。

四、《權衡度量實驗考》，爲吴氏考證中國古代度量衡制度因革變遷之作。原定分尺、權、量三類，實成尺、權二類，所録器物均有圖説。光緒二十年(一八九四)長沙節署本。

五、《奉使吉林日記》是吴大澂在光緒年間奉命前往吉林辦理邊務時所寫的日記，詳細記録了他在途中的見聞和感受。

《吴大澂集》是一部集學術研究、文化交流和社會歷史於一體的綜合性文獻，對於瞭解和研究晚清時期的學術發展、社會變遷以及吴大澂的學術成就和愛國思想具有重要意義。

爲盡可能保存古籍底本原貌，本書做影印出版，因此，書中個别特定歷史背景下的作者觀點及表述内容，不代表編者的學術觀點和編纂原則。

目録

皇華紀程

東方學會印

皇華紀程

吳大澂

奉使赴琿春會同俄官查勘邊界牌博換立石碑賦詩紀事

帝重申圻根本圖臨軒特與使臣符西鄰疆域疇張計東土屏藩久遠謨占地無多互轇葛立碑有記莫枝梧從來忠信行蠻貊憑仗皇威鎮海隅　昔日東征部曲從羽書星速夜傳烽七年蓄艾知何補兩度皇華豈易逢（庚辰夏間奉使赴吉林籌辦邊防事閱七年矣）釋路已忘曾宿處雲山不改舊時容中原無事鯨波息壇坫何妨効折衝　防患尤宜策未然强鄰漸與外藩連（俄人所占黑頂子地方與朝鮮僅隔圖門江一水有覬覦小邦之意）欲從兩界留中道直爲三韓計萬年鑄鐵豈容成大錯臨機只在著先鞭珠槃玉敦雍容會袖裏乾坤要斡旋　詞鋒敢騁筆如杠聖德懷柔逮遠邦牛耳當年盟未久犬牙何事氣難降分流溯到松阿察（松阿察河與烏蘇哩江相連）尺地爭回豆滿江（朝鮮謂圖門江爲豆滿江）我欲題銘銅柱表問誰來遣五丁扛

正月十七日由天津啟程行四十里至東堤頭尖又三十里至潘兒莊宿　書篆文論語一葉前在津寓所書篆文論語上半部已交上海同文書局石印下半部已寄去四十二葉尚有十餘葉未竟故於途次補書之

十八日行七十里至蘆臺李漢春軍門邀至署中午飯甯河石令（賡臣）鹽場周大使（德釗）來見又行五十里至王蘭莊宿　書篆文論語一葉

十九日行四十五里至宋家營尖又四十五里至施家莊宿　書篆文論語一葉半

二十日行四十里至高家莊尖又三十里至樂亭縣城劉俊卿徐鰲峯迎至城南二十餘里署樂亭縣孟令（丕顯）來見又三十里至甘草坨親軍礮隊營夜飯後至鞏軍中營宿

二十一日晨起爲俊卿書家祠額四字至製造局邱玉符處又至軍械局宋筱舫處小憩筱舫已赴綏軍惟陳玉如在焉行三十里過茹荷莊前年海防喫緊時曾在此處紮營數月邨民多有相識者出莊數里遇俊卿鰲峯小圃義堂策馬而來余亦易

騎同行三十里至團林尖綏軍各營官來見飯後行四十里至鈎兒灣宿綏軍正營魯小巖宋筱舫邱玉符俱在焉孝侯感冒風寒未愈是日出迎十餘里余心甚不安也

二十二日行八里過袁行南營小憩又二十二里至牛頭崖季明建棠行南送余至此而還又行五里至葡萄窪尖飯後風大行二十五里至白塔嶺宿　書篆文論語一葉半

二十三日行三十里至紅花店葉曙清軍門帶隊來迎又行十二里至山海關晤謙懋齋都護旋至葉曙清營中午飯小巖同往下午出關行二十五里至老軍屯宿小巖送余三日出關數里而還在津奏派隨員湯伯碩沈韻松王芷帆吳文伯四人又奏調同文館俄文繙譯官慶錫安惟伯碩在蘇未至芷帆去臘請假回臨榆同行者韻松文伯錫安三人耳是日芷帆亦來書篆文論語一葉半

二十四日行五十里至前衞又五十里至中後所宿　書篆文論語二葉

二十五日行五十里至沙後所尖又三十里至甯遠州城外宿

紀程

州牧朱北園克揚來見　書篆文論語二葉

二十六日行三十里至連山尖此三十里約有四十餘里之遠又行三十里至高橋宿入錦州界矣　書篆文論語一葉半

二十七日行十八里至杏山又十八里至松山尖此三十六里約有五十餘里之遠土人謂關東三箇十八里路程最大謂連山杏山松山也錦州副都統崇佑亭書至松山請

聖安錦州太守增芝圃林縣令張金波錫鑒來見午後行三十里至雙楊店宿　書篆文論語一葉畢作家書致王念劬書

二十八日行二十里渡大淩河冰尚未開也又二十里至秃老婆店尖又十二里過石山站人煙稠密自半山至山麓屋宇鱗比大有豐樂氣象又四十里至閭陽驛宿

二十九日行十五里至常興店又二十五里至廣甯驛又十里至孤家子又五里至二台子尖午後行二十二里至中安堡又十八里至洋岔河宿　撰篆文論語後序一篇

三十日行十二里至小黑山站又二十里至胡家窩棚尖又十八里過金家窩棚二十二里至半拉門宿　書篆文論語後附

錄說文所引論語各條

二月初一日行三十里至白旗堡尖署新民廳同知王清輔（名爲澂）來見又行五十里至新民屯宿　書說文引論語各條　致尹伯圜書

初二日行二十里至巨流河十五里至孤家子尖又行二十五里至老邊又十五里至大荒身又十五里至大石橋宿承德縣談雲浦（廣慶）來見　作家書　致王念劬書

初三日辰刻恭謁

昭陵巳刻至奉天省城西門外關帝廟東實勝寺慶蘭圃將軍（裕）裕壽泉京兆（長）濟筠甫都護（祿）啓穎之司農（秀）松吟濤宗伯（森）鳳輝堂司馬（秀）寶震甫司寇（森）阿允亭司空（克丹）楊蓉甫學使（頤）同請

聖安進城住南門內同陞店蘭圃將軍及諸君子先後來晤驛巡道興榮齋觀察（陞）候補道高引芝觀察（從望）候補府景雲龕太守（桂）高雨人太守（同善）來見午刻親往各處答拜並拜朱硯生前輩（以增）係前任學使卸篆後旋丁內艱定於初十日奉柩南歸也

紀程

酉正回寓

初四日巳刻恭謁

福陵由陵上至大窪子三十里尖由大窪子至蒲河二十里宿

初五日行十五里至清水台又十五里至懿路站尖飯後行二十里至范家屯又十五里至遼河屯又二十五里至鐵嶺縣城外宿縣令陳鶴舟士芸來見鶴舟曾任懷仁縣詢以懷仁有高麗王碑距城百數十里在深峽中碑高不能精拓鶴舟贈余拓本一分字多清朗文理不甚貫蓋以墨水廓塡之本與潘伯寅師所藏拓冊紙墨皆同惜不得良工一往椎拓耳　是日途中作七古一章遼河冰解野橋斷東風來往無人管使車出關二月初不怕春寒怕春暖昨日雪泥三尺深今日雪花飛滿林已脫重裘還更著不辭濁酒且頻斟裘重重酒薄薄車塵不起征夫樂只願前程凍未開渡江不愁風浪作歲寒秉此松柏心莫問桃花幾開落　燈下書鐘鼎拓本釋文

初六日行三里過青河又二十七里至中固尖又二十里至孫家店又二十五里至九社宿　書鐘鼎拓本釋文

初七日行二十五里至威遠堡門又十五里至南城子又二十五里至蓮花街尖又行七里至赫爾蘇又十八里至楊木林子又二十五里至葉赫站宿　書鐘鼎拓本釋文　兩日途中雜咏得六絶句過了冰河便雪山嚴寒已去又重還我來迅速春來緩未許東風帶出關　記得當年度隴詩偶從雪裏見花枝而今行過遼陽路正似天山五月時　車馬喧闐趁夕曛山邨士女笑紛紜皇華詩意無人解道是鷄林舊使君　古柳婆娑生意含霜皮零落對寒潭莫嫌空洞中無物留與枯僧作佛龕

小店春虀滿甕儲荒寒無地擷園蔬遼東日食花豬肉苦憶松江冰白魚　新晴天氣覺風和十里平岡策馬過盼到蓮花街裏去逢迎官吏故人多

初八日行三十里至英額卜占又十五里至十里鋪又十里至火石嶺子尖又十八里過大孤家子又十二里至赫爾蘇站宿

書鐘鼎拓本釋文

初九日行二十五里至小孤山又三十五里至大孤山站尖途中得一絶句大孤山與小孤俱卅里雙峰便不孤況有坡陀連

亘處相延一脈盡龍雛　署伊通州知州王秀山瑞啓來見又行三十五里至伊通州宿　伊通廂黃旗佐領恩錫綸福來見巡捕官常永之叔也　是日午後途中望見伊通河北有兩山東西並峙大小相等土人不知其名余曰此東天姥兩乳也賦詩一首兩巒左右齊端如雙玉乳山頂宜有泉甘美勝酒醽飲之令人壽童顏可再覩此山本無名名以東天姥北爲長春城萬商於茲聚地脈非偶然一乳所含煦　訓導趙椿齡來見辛亥舉人年已七十餘矣

初十日行二十五里至伊巴丹站尖又二十里至三家子又二十二里至土門子又十八里至雙楊河蘇瓦延站宿　補錄初八日二絕句平林密密斷雲遮不見遙郵板屋斜落日放牛無數點料知山下有人家　山南近已闢新荒話到年光暗自傷草價增昂糧更缺去秋八月早霏霜　又補錄初九日一絕句斗大州城新設官花封分轄地猶寬伊通州地原隸吉林廳今分設州治轄境尚有四百餘里　弦歌風化初開日冷落先生苜蓿盤

十一日行五十五里至伊拉門站尖又二十里至岔路河又二

十五里至依拉奇宿丁友雲大令來晤甯古塔都統容峻峯遣材官明利德慶持函來接夜大雪途中得詩三絕句客路渾忘歲月新山容如睡水含顰荒郵亦有閒桃李不見花開不算春

一木零丁架水坳泥冰深處亂流交肩輿扶上危橋去猶恐衣裙掛棘梢

漁父何曾把釣竿農家編木當籬看有山不種淇園竹生怕風多六月寒

十二日五更起宋渤生太守來晤行二十五里至蒐登站又二十里至大綏河尖又行二十里至老爺嶺又十五里過歡喜嶺富森堂德遠菴文煥卿曲鶴亭劉怡寬鳳集庭中少彝均來迎候又行五里至西門外

萬壽宮希贊臣將軍恩雨三都護同請

聖安未刻進城住北門內永升店將軍都護先後來晤見客至薄暮而畢不及出門矣　是日途中得二絕句征塵屈指到花朝芳草無情馬不驕猶憶細鱗河畔路海棠紅掩綠楊橋（壬午年四月由三岔口回至細鱗河忽見檐邊海棠一樹盛開屬吳副將永敖善護之）

馬前父老望春臺六七年中往復回一笑又登歡喜嶺只疑身入故鄉來

十三日答拜贊臣將軍兩三都護出小東門至機器局答宋渤生鳳集庭諸君子渤生出示方晴菴大令（朗）所藏宋搨郭有道碑剪貼本有王壽生方小東跋（小東卽晴菴之胞兄）始知余所得整本郭有道碑與此本同出洪洞劉鏡古兆鑑家盧曉亭觀察從濟甯郭梅臣處購得其一（郭亦得於劉氏）以獻崇雨舲中丞卽余所藏之本王壽生參軍（熙昶）於道光丁未年購得此册後質於濟甯孫氏同治丙寅秋間方小東刺史出價贖回遂歸於方亦劉氏藏本也壽生跋云莊眉叔司馬亦於劉氏購得剪碎一本重裝成册後爲王榮甫所得然則郭有道碑世間尚有三本余得見其二亦生平金石緣也崇本一字不闕方本闕四十八字相去已在百餘年矣（介休碑作界休鱗介誤書鱗介兩本皆同）韻松芷帆文伯錫安亦來　飯後渡江至南岸觀火藥廠已搆屋數十椽就山坡之高下墊土起築規模日見擴充皆渤生一手布置也渤生又出示局中自造單筒小礮一與俄登飛礮彈大小相等名曰西林礮一與格林礮相類雖用單筒旋轉頃刻可放數十子礮筒外包一蓄水筒水熱可換亦簡易靈便之法

十四日答拜各統領各協領及道府各署　希贊臣將軍太夫人三周年忌辰在觀音堂誦經未刻余往行禮回寓後寫篆對六聯　招遠菴森堂煥卿渤生夜飲

十五日自書銅柱銘交渤生代刻　書大虎字五至贊臣將軍兩三都護處辭行秦子皋來晤曹彝卿別駕延杰以手拓混同江東岸古碑四紙見贈其一大碑正書上有重建永甯寺記六字横列文多剝蝕不可讀有太監亦失哈五字偉歟懋哉四字下隱約有正德二字其一小碑正書上有永甯寺記四字横列首行勑修奴兒干永甯寺碑九字尚可辨餘多漫漶文後題名第一行鎮國將軍都指揮同知以下不可識第二行有□正十七年數字正上當即至字又文內屢見帖木兒三字疑元時所刻也又一小碑上有四字横列似蒙古文碑文兩體書前半似唐古忒字後半似蒙古文唐古忒字類楷書如昊氶平亥罕黾金朿丸盅臾盅丹凡乒史尧夅北斋似可識而實不可識富森堂云此唐古忒字也此碑刻在前一小碑之後當即永甯寺記文兩面刻三體書其文必同也碑側又有四體書六字唵嘛呢叭

嘛吽[illegible]此梵書也余藏西夏碑陰字類此[illegible][illegible]此似蒙古文矣[illegible]此亦唐古忒字以碑陰碑側合觀之是碑必非明刻矣其地在三姓東北三千五百餘里距俄地伯利二千二十里東北距混同江海口三百餘里有石崖如城闕斗峙江邊高八九丈山頂北面立小碑其大碑在其南彝卿採訪俄事至此并手拓二碑以歸亦可謂壯遊矣　申刻贊臣將軍來晤雨三都護來晤　酉刻渤生集庭同來留之夜飲

十六日五更起爲方晴菴大令題宋搨郭有道碑辰刻啟程贊臣將軍雨三都護送至小東門外關帝廟旋至機器局小憩郎在局門東三里團山子渡江此處江心老氷尚堅兩岸沿凌水亦不甚深也過江二十里至小茶棚尖渤生集庭少彝均來送行又二十里至江蜜蜂向來出省東行多在江蜜蜂住宿今店已歇閉無可宿之處商旅之蕭條可見矣又行四十里至雙岔河宿　途中得詩一絕句繞郭峯巒多不平過江山勢更縱橫空潭雲氣隨龍去剩有流泉赴壑聲　聞芷帆出東門車軸碰

損行至機器局換車稽候飯後始得渡江候至夜深韻松文伯錫安均無消息不知今夕宿何所矣

十七日行八里至額赫穆站委官程萬春（慶年之父）邀至其家早飯候至巳初刻韻松諸君仍未至也又行三十里過七道河又十里過老爺嶺又三十五里至拉法站宿

十八日行二十五里過苦不了河又二十里至鄂勒河尖又行十二里至樺樹林子又八里至退摶站又三十里至烏棘口劉家店宿　作七古一章四山積雪圍松明亂流落磵時縱橫楂枒古木無枯榮行久不聞春鳥聲殘冰踏響馬忽驚泥深一尺水盈盈僕夫避險披棘荊崎嶇徑仄多不平下有頑石如長鯨當途側臥與人爭落日搖曳雙紅旌知有材官來導行道旁鵠立通姓名識與不識紛相迎白鬚野老何多情出門手提破石罌汲泉飲我使身輕邀我入室炊玉秔五年前事如棋枰笑問使君何所營兩鬢新霜添數莖我來逆旅喜感并六宿此山那計程陶然一醉月三更但覺詩意滿懷淸不愁明日還長征

韻松來書知昨日過嶺日已暮矣韻松下嶺時車又觸石而覆

四人徒步行泥淖中覓一小店暫宿有人滿之患半夜不得眠亦不得食苦不勝言作五古一章慰之昨日渡松江今日出烏棘同行四五人先後本一轍中途忽差池相望不可即或云車脫輻或疑馬驚勒後時久不來深夜苦相憶豈知泥淖中登嶺已昏黑駑駘鞭不前徒御咤失色躑躅冰雪崖屢蹪猶得得兩手僵不伸襟袖如翻墨兩足凍不乾襪履成淤塞偶至一茅舍漏下已三刻人滿無所容勢與蝸爭國苦倦不成眠苦飢不得食跬步知艱難茲焉少憩息詰朝貽我書道狀解我惑相去半日程行行勿復亟山徑滑如油我亦病登陟鞅掌豈言勞此境偶然直

十九日行三十里過張廣才嶺又十里出烏棘口適甯古塔靖邊右路中營哨官英喜率隊兵伐電綫木桿住一小店得余宰一豚煮飯方熟留余小憩英喜乃余舊部也即在此店打尖飯後行五十里風大繼之以雪申刻至額赫穆索羅站宿　吳永敖碩甫由甯古塔來　途中得詩一首狂風似虎捲地來吹凍頑雲撥不開下罩千山同一被滿空飛絮攬成堆天公玉戲巧

難就重陰密密誰相催特遣封姨作大磨回旋鼓盪聲如雷須臾碾出白餈粉落花片片皆瓊瑰老農拍手笑不止頓令茅屋成瑤臺　又賦張廣才嶺七古一章嶺長二十有五里平岡一伏又一起首尾蟠屈如臥龍半身隱見白雲裏遠脈原從長白來蜿蜒下飲松江水滿山鱗甲煙翠重亭亭直節攢古松千株萬株不紀歲子孫多受秦王封磡底雜樹紛羅列忽橫忽縱皆奇絕俯聽流泉淲淲鳴中有萬古不化之冰雪此山深處無人行熊羆夜鬬狐狸驚遠聞伐木聲丁丁又疑車輪觸石相磞砰山靈怪我往來久無句留題不放走我問當年張廣才何物區區乃與山靈同不朽

二十日行二十五里至鳳凰店尖　韻松芷帆文伯錫安亦於午前趕到不相見者四日矣又行五十五里至塔拉站宿　得詩二首行旌歷盡廠東西偶觸吟情信筆題風土猶存唐俗儉幾雙烏拉一爬犂間游人似打包僧曉起餐風夜宿冰只爲萍蹤飄泊慣一生衣食寄行縢

二十一日行二十里至朱墩尖又十里至貝勒窪又十五里至

老鸛窩又十里至必爾罕站宿　得詩一首兩山之麓多窪塘草根結作蒲團黃二三十里一茅舍蓬蒿徧野田半荒傍溪鑿冰成孤井繞廬列棚爲短牆瘦犢或隨犬同卧飢烏乃與馬爭糧古驛三間津吏屋七年六度朱墩岡野老相逢似相識偶來松下談農桑　燈下讀山谷詩有懷賁齋一律兼寄運齋弟同是邊關落月時一燈展卷苦相思本來地氣寒難解不爲天公春到遲山雪未銷孤雁落河冰將泮老狐疑嶺南塞北無消息獨和東坡寄弟詩愛惜名花取次栽爲誰零落爲誰開偶牽藤影疑風動未展蕉心待雨來詩境多從間處拓旅懷猶喜夢中回一書繾綣愁千里莫與人論天下才

二十二日行十五里至三道嶺見道旁石磴上有光緒九年八月由甯古塔進省時題名三行篆書墨色無恙在冰雪之中鴻爪猶存聞有好事者將喚石工刻而壽之回憶當日駐馬揮翰忽忽已三年矣因復下馬續書數字誌之又行十五里至石頭甸子尖作五古一章凡石皆直性茲山獨横理高砌宛成臺平鋪略如砥大可容萬人小者積寸叅粗擬龜背紋細若魚鱗比

孔或類蜂房鱗或似馬齒或同蟻穴槐或等蠐食李麝煤聚零星獸炭多塡委豈無適用時棄之弗顧視轔轔過車聲中空疑有水忽然塌成潭如梁自頹圮非泉亦非池泥深輒濡軌吾性愛名山游蹤幾萬里閲世多奇峯眼中未見此俗言古仙人鍊丹舊基址丹成跨鶴行餘石留渣滓此說不足憑聽之聊復爾吾聞大空青鑿石得龍髓飲之可長生沉痾頓然起眞精久祕藏妙理那可揣不然頑石巔何以生杞梓草木有靈根依托安所恃寶山莫空歸璇源毋乃是古書不足徵請問赤松子又行三十里至沙蘭站宿　是日過八道嶺賦詩一章下嶺易上嶺難如登天山三十盤一車八馬心膽寒脫驂幷駕猶嫌單萬牛流汗常不乾上嶺易下嶺難如下桐江十八灘陡崖冰滑雲漫漫一落千丈不可攔前車後車相叫讙安得長繩繫軸節節蟠出險入夷心始安朝上嶺暮下嶺僕夫相戒毋馳騁方下嶺又上嶺喘息未已時耿耿日行八嶺無坦途夜夢顛踣驚相呼願君高枕安須臾不知前程尚有高山無

二十三日行四十里至藍旂溝雙如山恩承之兩統領均來迎

候又行三十里至猗蘭岡容峻峯都護在關帝廟內請
聖安又行十里至甯古塔城住城外官薓局舊行臺峻峯都護
來晤托勤軒吳碩甫曲鶴亭來晤雙如山恩承之來晤訥厚齋
瑚松亭來晤　申刻答拜峻峯都護　回寓登抱江樓題詩一
律兼呈峻峯都護憶昔臨江築小樓與君樽酒話中秋自從一
去三年別那想重來兩日留舊事思量紀龍節新圖商榷定鴻
溝
國恩未報歸程遠敢把閒情寄白鷗　又詠烏拉草一律莫道
行蹤類轉蓬知寒知煖是鄉風踏冰天氣家家便獻曝人情處
處同薓可延齡猶有病（吉林土語以人薓鹿茸烏拉草爲三寶）葵能衞足總無功何如束草
隨身具春在先生杖履中
二十四日書抱江樓題壁詩於橫木交托勤軒懸之書對三聯
峻峯都護來晤　午後拜春煦堂並答厚齋松亭碩甫鶴亭諸
君子申刻峻峯都護招飲
二十五日由觀音閣渡江而南行十五里至乾溝子小憩峻峯
都護如山承之兩統領均來送行又三十里至石頭坑又二十

里至下營子宿孫立美家孫翁年七十九矣步履康强孫曾羅列其曾孫又將抱子爲賦詩二絶句贈之六世同居古義門膝前屢見子生孫老農八十猶年少語帶春風一笑温淡飯麤茶過一生有何思慮有何爭始知安樂鄉侯貴（余藏漢印有安樂鄉侯）不慕千秋萬世名

二十六日行三十里至上馬連河又二十里至斗溝子尖　飯後過瑪勒瑚哩站小憩又三十里至窩棘口徐家店宿即余辛卯年所築之望松窩也題詩一律歎息山居地瘠墝款賓只有水盈匏青驄過處添新驛（瑪勒瑚哩老松嶺等處皆大澂奏請改設新站）紫燕飛來認舊巢不信十年能樹木可憐六載未更茅相逢搏虎人何在（徐姓之子曾搏一虎獻余今因病回家矣）笑對松林雪半梢　再題一律用辛卯年題壁元韻老農生計本蕭然況復頻經旱潦年豈有林泉留過客漫題詩句續前緣山中盜起愁狼跋（逆旅主人言去年被盜所蓄蕩然）門外寒多警鶴眠爲問行旌何日返汶陽只願早歸田

前作一宿空山亦偶然誅茅拓地已經年（望松窩額係庚辰年所題）邊庭萬里今無事使節重來信有緣鳥道雲封烏棘暗虬枝雪壓古松

眠野人共話昇平樂各領開荒百畝田

二十七日行二十五里上嶺又五里至老松嶺站尖又十三里過嶺又四十二里至駱駝磊子薩奇庫站宿　途中得詩一首

春山曉色雲冥冥入林出林車未停兩崖壁立煙嵐滴樺皮雪白烏柏青殘冰塞路頑於石枯木倒溪醉不醒古廟頽垣本無佛忽有山僧來誦經僧言此山行路苦醵金除道仰神靈馬惜錦障泥滑滑人行石磴水泠泠短松萬株齊若剪横作南山翡翠屏高者獨立挺霄漢滿身龍甲都成形孤根下蟠幾百尺掘之當有千歲苓

二十八日行三十五里至哈密達尖即余辛卯年所搆息廬五間交葛翁管業後葛翁招劉姓同居今竟爲劉獨佔矣又三十七里過瑚珠嶺新站小憩又八里渡嘎呀河河凍已開徒涉而渡水深幾及馬腹矣至郭梯階所搆官房宿　題息廬詩一章

朝三十里一飽餐莫五十里一投宿莫宿臨河尚有郵朝餐覔火愁無屋偶逢葛仙兩耳聾呼之不應顔發紅爲我擇地結茆舍給錢百緡使鳩工有酒沽我無則酭往來行人憩息於其中

養鷄放豚依蒼巘春韭早生秋菘晚種穀可支一歲糧採薪不勞百步遠仙翁何爲去不還守此屋者老且頑不見仙翁喟然嘆只有息廬兩字留空山　李仲敏由五人班至嘎呀河道中迎候

二十九日行二十五里至荒片尖又二十五里至五人班闕清德家小憩即余辛卯年所搆之屋手書清樂鄉三字額猶在焉清德釣得細鱗魚二尾餉余作詩一絶句謝之羨君身似地行仙五老來遊此數椽釣取雙魚來餉客壽如孤鶴不知年　李仲敏奉都統委查營兵所砍電桿木亦寓此屋　又行二十五里至大坎子宿

三月初一日寒食行二十五里至且住菴尖　題詩一章老僧八十餘貧病不能語來此六十年清修苦如許屋廬不蔽風爨火不常舉相對彌勒龕頂禮無寒暑心誠金石開緣薄神靈助使節偶經過憫彼空谷處結茆四五椽經營費不鉅佞佛非本懷天教來玉汝部曲善逢迎不惜捨金與拓地成梵宮維摩喜得所老僧願已償趺坐竟西去傳燈歎無才俗子相窺覰鷲嶺

被蠶食鵲巢乃鳩據我來清淨場掃除及沮洳小坐懷遠公澹然無俗慮頑石當點頭慎勿相齟齬　飯後行二十五里至德通又三十里至涼水泉子宿　得詩一首我初度地涼水泉六十里中無人煙膏腴一片空棄捐臨江四顧心茫然命工起搆屋數椽曰勸農所三字懸屋成之歲辛巳年作者七人始來田朝出耦耕荷鋤便夜歸一飯解衣眠從此墾闢相蟬聯滿篝滿車歌十千自我移師北海邊兩年跋涉憂心煎夢魂不到蟠嶺巔（蟠嶺在涼水泉南四十里）重來一宿有前緣但見西陌與東阡雞犬家家相毘連五尺童子衣爭牽瞻望使君猶拳拳遙指一屋小如船手書篆額猶在焉嗟我風塵未息肩白雲飛鳥何時還安得買山古瀆川相忘耕鑿唐虞天

初二日清明行三十里至密占尖又十里過蟠嶺又十五里至吳鳳起窩棚哈伯琴永厚山兩統領及馬步各營官均來迎候依堯山都護設帳於道即於帳下跪請

聖安申初進城住南門內行臺堯山都護來晤見客畢答堯山都護

初三日堯山都護來晤起恭報行抵琿春日期摺稿午後答拜堯山都護 補錄途中所作七律二首平坡日落馬蹄輕樹杪雲歸雪乍晴獵戶追麞迷草路牧童引犢臥松棚岸淩水潤知春煖吉林土語謂河冰兩岸初化之水爲沿淩水野燒風多入夜明地僻郵稀投宿早得閒行處且閒行閒行落落書生戎馬埸吟懷久似石田荒軍符暫卸無留牘詩艸重編欲滿囊春去何心戀風月夜來有夢到池塘短歌不復計工拙聊遣關山行路長遣興

初四日未刻拜摺 致慶蘭圃將軍書發天津上海電報至西營答拜哈伯琴統領發俄國勘界大臣巴拉諾伏照會

初五日復鄭盦師信復尹伯圜信書文字說一篇

初六日接總署公函屬查甯古塔東大川界址即復作家書酉刻堯山都護招飲

初七日書夷字說厥字說二篇寫篆聯五

初八日書拜字說鞭字說瑚字說三篇堯山都護來晤寫篆聯七

初九日復容峻峯書 與堯山都護同閱東西兩礮台未刻堯

山招至永厚山營中同飲酉刻回城　俄國卡倫官哈斯三來
晤
初十日復胡守三書致宋渤生書午刻招哈斯三飲題集古錄
虢叔鐘井人殘鐘臤[illegible]鼎
十一日題子璋鐘攷釋郘鐘未竟　俄官廓米薩爾馬秋甯來
晤繙譯倪廓來福同來知俄國勘界大臣巴拉諾伏須俟北路
烏蘇哩江輿凱湖冰凍全消方可乘輪而來至紅土崖起陸一
日可達雙城子再換輪船經海參崴至摩潤崴半日可到大約
在四月初十日後俄歷則五月初也馬秋甯索閱漢文條約及
交界道路記文飭文案房鈔一分與之余亦向索俄文條約及
交界道路記文一分允俟歸後寄來
十二日復富森堂書攷釋郘鐘　與堯山都護同請廓米薩爾
馬秋甯晚酌
十三日書郘鐘攷釋　堯山都護招飲
十四日題楚公鐘三　稟母親函致大兄書
十五日題叔氏鐘兮仲鐘鄭邢叔鐘

十六日致合肥師相書　致賁齋書　致徐翰卿書　復念劬書　致杏蓀書　堯山都護來晤

十七日錄詩草十四紙寄賁齋　致顧子嘉書　申刻哈伯琴統領招飲與堯山都護同往

十八日錄詩草十四紙寄運齋弟　致運齋弟書　復楊實齋書　題魯邍鐘已伯鐘　俄國巖杵河守備官佘拉什尼廓甫來見帶到俄國東海濱省巡撫巴啦諾伏電信並馬秋甯信皆通候語也　堯山都護招飲

十九日題鼄伯鐘虘鐘者沔鐘單伯昊生鐘

二十日題僕兒鐘邾公牼鐘戱狄鐘

二十一日預擬邊界事宜應議各條交慶錫安繙譯俄文以便臨時辨難語意較爲詳盡不致彼此誤會也書齊子仲姜鎛攷并釋文

二十二日擬邊界事宜四條　致容峻峯都護書　書齊子仲姜鎛攷　拜堯山都護

二十三日題通彔康虔鐘邾公釗鐘沇兒鐘　堯山都護來晤

二十四日題戎都鼎題刺鼎　書篆聯十
二十五日致希贊臣將軍書　致宋渤生書寄去圖門江黑頂子一帶地圖屬機器局司事代畫二分約於初十日前寄來
題大鼎
二十六日題駁方鼎　堯山都護來晤
二十七日雨撰集古錄自序一篇　堯山都護來晤永厚山統領攜殺酒來寓邀堯山及韻松芷帆文伯錫安諸君子與余同飲
二十八日雨竟日復葆田書　復念劬書　題韓侯伯䀠鼎
二十九日晴連日堯山都護惠細鱗魚二尾拓漢雙魚洗文一紙贈之并題一絶句雅惠頻叨醉一觴細鱗風味勝河魴報君片紙無多字中有雙魚大吉羊　作韌字說一篇　申刻詣堯山都護處茗談
三十日題康侯鼎匽侯鼎䜌鼎龢作召伯鼎周窓鼎拓本五種
堯山都護來晤　周少夷太守冕來晤盛杏蓀觀察委令查看電綫設桿之路今日到琿

四月初一日題諆田鼎師奎父鼎新邑鼎芮公鼎趙鼎拓本五種　堯山都護來晤

初二日題鄦氏鼎增鼎曼仲鼎　堯山都護邀至東門外校場同閱靖邊中路三營操申刻歸　堯山都護來晤

初三日釋焦山鄦惠鼎　釋毛公鼎　書篆對二書大虎字四龍字一

初四日上母親禀致大兄書復陶仲平書致尹伯圜書　與堯山都護同閱靖邊前路四營操申刻歸　釋毛公鼎

初五日釋毛公鼎書虎字八龍字二接俄卡官哈斯三來信知俄國勘界大臣巴拉諾伏於四月十四日可抵巖杵河俄歷之五月初五日也酉刻至堯山都護處茗談

初六日釋毛公鼎書虎字三書孝弟忠信四大字

初七日釋毛公鼎竟爲容峻峯都護書篆册六頁堯山都護來晤

初八日書篆册六頁書篆聯五直幅二爲恩雨三都護書篆册二頁

初九日書篆册三頁半復容峻峯書復宋渤生書致雙如山書復慶蘭圃將軍書發天津電報邀堯山都護周少逸太守永厚山統領來寓晚酌接俄官廓米薩爾來信因前贈篆文孝經爲該國學院布席所見歡喜讚歎代致布席來書並寄雙城子碑額照本一紙文曰大金開府儀同三司金源郡明毅王完顏公神道碑篆書五行二十字首一字大字僅有一直隱約可辨攷盛京通志金臣封金源郡王者二一爲婁室完顏部人一爲完顏勗惟婁室謚莊毅與碑不符勗不載謚惜無金史可攷不知其碑文尚可讀否

初十日書篆册六頁書直幅一申刻招哈伯琴統領馬筱坡孝廉春玉鵬李仲敏廉鍾英諸君子來寓同飲津寓寄來日本碑拓四種有井上毅名片一紙而無信緘封小印有井上二字一爲和銅四年三月藤原尊題名石刻正書一爲嘉永三年五月藤田彪書弘道館記行書一爲延喜十七年十一月道澄寺梵鐘銘陽文正書上黏一籤云今大和國宇智郡五條邨榮山寺ニアリ一爲近衛中將楠公贊朱之瑜撰正書當係日本書記

官井上穀所贈尙有朝陽閣集古三卷留於津寓未寄來也

十一日辰刻與堯山都護同至琿春河南祭神樹禮畢飲福閱靖邊中營演放水雷地雷午正回寓秦子阜來晤書篆册四頁半釋齊侯壺

十二日釋靜敨畫松一幅書扇一握申刻邀堯山都護與子阜仲敏同飲燈下與子阜仲敏下圍棋二局

十三日釋叔向父敨周少逸來晤子阜仲敏來燈下與子阜下圍棋二局摘錄俄官俄地名

十四日書篆對十聯篆額四字釋師虎敨

十五日釋師望鼎文父丁鼎木壬鼎子孫父戊鼎世婦鼎父己鼎鄭同媿鼎孔作父癸鼎拓本八種接總署來書

十六日接俄使巴啦諾伏信知於昨日抵巖杵河矣起摺稿報十九日啓程赴巖杵河

十七日堯山都護邀閱演放格林礮幷打二百步槍靶申刻邀秦子阜賈丹崖李仲敏來寓同飲燈下與子阜仲敏下圍棋書篆聯三

十八日上母親禀復大兄書復王念劬書復總署書堯山都護來晤訂明日午初刻啓程同赴橫道河住宿次日午後可早到巖杵河也爲雙如山書大直幅一

十九日復運齋書復合肥相國書爲雙如山書篆額四字午初啟程與堯山都護同至二道河卡倫尖距城纔二十里耳又行三十里至恆道河俄卡宿未至卡倫五里許有俄國副統領澤柏落伏斯奇一員那達落伏一員帶領俄國馬隊六十名持巴將軍名片來迎及抵俄卡又有俄國統領克拉多在卡迎候卡官哈斯三設席會飲

二十日辰正行三十里至佛多石小憩哈斯三攜酒炙羊席地而飲澤柏落伏斯奇那達落伏勸飲甚勤團坐良久該處有高麗人所蓋茅屋十餘家未刻又行十四里至巖杵河俄兵站隊迎道旁觀者如堵先至北營更衣少憩與堯山都護同拜東海濱巡撫巴啦諾伏巴使留余同住俄館酉刻巴使招飲(堯山都護住劉家洋貨店)

二十一日晨起寫琿春地圖上小字二幅午刻拜堯山都護未刻拜巴啦諾伏並拜廓米薩爾馬九甯及舒利經(地圖衙門大臣兼副軍將)克拉

多（水師衙門大臣）列德呢烏斯（統領官）赤斯他廓伏（帶兵官）索廓落伏斯奇（帶兵官）那多落伏（副統領即都達落伏）喀斯托爾斯奇（繳隊帶兵官）多譔曰落伏（將軍衙門侍衛）佘威羅伏（大輪洋南公司）皆昨晚同席及沿途迎候各俄員也酉刻巴使招飲訂明日未刻會議界務

二十二日起會議各條應辦事宜稿堯山都護來晤申初刻登樓會議巴使與余對座同議者堯山都護廓米薩爾馬九甯舒利經克拉多及隨員沈韻松繙譯慶錫安莫新商人佘威羅伏也余所說之話由佘威羅伏轉達巴使巴使說話由慶繙譯代傳余意欲將罕寄海口歸還中國巴使謂須備文轉達俄廷能否應允由國家定奪彼不能擅主也及論圖門江口補立土字界牌巴使執舊圖原立界牌之地離海口四十四里余謂應照條約記文由海口量準中國里二十里即在江邊補立土字牌方可與條約相符巴謂海口二十里海水灌入之地當謂之海河除去海河二十里纔算圖門江口彼國所謂二十里如此核計余謂海口即江口有何分別若論海水所灌潮來時海水進口不止二十里潮退時江水出口亦不止二十里所謂江口者

總在海灘盡處仍須照約由海口量準二十里方爲妥洽巴使須電報總督轉達俄廷請示辦理俟有回電再行續議戌刻巴使招飲

二十三日辰刻發津電致余澄甫信午刻至堯山都護寓未刻回俄館寫扇一柄酉刻巴使招飲

二十四日改正韻松所抄問答語略與堯山都護同至十五里外登山望海與摩潤崴僅隔一嶺耳午刻在堯山寓中飯是日聞巴使接電報俄主賞寶星獎之惟界務尚未議明何俄人已奏功也酉刻巴使招飲

二十五日上母親稟致大兄書致王念劬書酉刻巴使招飲

二十六日與巴使訂定申初刻覆議界務復宋渤生書復容峻峯書堯山都護來同至巴使處會議余以俄國新畫界圖自長嶺至圖門江一節彎曲太多應照舊一律取直略與辨論巴使謂此嶺是順分水嶺而下水歸圖門江者屬中國水歸海者屬俄國新圖詳細較舊圖尤準前日所論補立土字界牌巴使已接總督電覆云從前既未立妥自可酌量更改現擬向沙草峯

挪前十八里立於山南沿江高坡下不致為江水沖場約計離海口不過二十四五里再前則沙土浮鬆恐無立牌之地耳土字怕字兩牌中間相隔太遠擬於蒙古街往來之道補立啦字界牌於阿濟密往來之道補立薩字界牌又擬將三岔口小孤山上所立之倭字界牌移設瑚布圖河口倭字牌北至那字牌那字牌北至東大川一帶須照南北直綫劃定小溝庶無疆界不清彼此爭執之弊以上各條均與巴使商酌允洽惟圖們江出海之口應作中俄兩國公共海口巴使未敢遽允仍須電商總督再行定議酉刻巴使招飲

二十七日發津電致佘澄甫信復周少庭信至堯山都護寓中商定明日同回琿春午後回寓堯山都護來晤酉刻巴使招飲春雨鵬廖子忠來即令約同俄官至圖門江口量地

二十八日辰刻啟程午刻至橫道河旅店小憩飯後至俄卡哈斯三處茶話片晌酉刻抵琿春城

二十九日至堯山都護處商令沈韻松至圖門江勘明補立土字界牌之地並派員護解石牌送至沙草峯南面山麓盡處俟

十七

勘定後再行豎立改正韻松所鈔二十六日問答語略

五月初一日擬勘界記文稿六條

初二日致合肥相國書

初三日復戴孝侯書未刻俄使巴啦諾伏來拜同至堯山都護處茶話片晌余邀巴使同往行臺俄官舒利經克拉多馬秋甯多謨日落伏住東邊一間繙譯官莫新繙譯商人佘威羅伏住西廂房哈斯三索廓落伏斯奇阿列克斜葉伏佘拉什尼廓甫四員借住烏營官處酉刻邀巴使及各俄員同飲

初四日與巴使談論圖門江口作爲中俄公共海口一節巴使仍游疑未決也午飯後堯山都護邀巴使同往觀劇酉刻邀巴使及各俄員同至堯山都護署中夜飲

初五日與巴使同至西門外關帝廟午飯後堯山都護邀往觀劇酉刻邀巴使及各俄員同飲戌刻堯山都護邀同巴使至大街觀燈

初六日上總署書與巴使會議界務將初一日所擬記文六條逐條商酌第一條補立土字界牌第二條添設啦字薩字瑪字

三界牌第三條收還黑頂子地方均已商議妥協惟議至那字界牌辨論未決巴使以爲那字界牌非當時所立係廓米薩爾馬秋甯與甯古塔副都統雙福補立之牌其時並無地圖條約可查約略設立致有錯誤與舊圖不符現在兩國派員查勘應照原圖將那字界牌移立於横山會處由那字牌畫一直綫與倭字牌南北相對方是照約辦理余答以此次奉
命會勘邊界已設之牌自應補立未設之牌亦可添設舊有之牌不可稍移巴使謂那字界牌若不能更正倭字界牌亦當照舊設立若從倭字牌分界則界綫挪西不少中國便喫虧也余曰倭字界牌即不更正亦與界綫無涉何也瑚布圖河口以南以河道爲界不以界牌爲界陸路別無憑據專以界牌爲重界牌以西爲中國界界牌以東爲俄國界若界牌挪進一里即佔去一里之地無論與舊圖凖與不凖總是兩國派員監立之牌並非中國官員私立之牌此事實不能應允況有東大川燒燬卡倫一案甯古塔副都統以此界牌爲據當由此牌正北爲界綫則東大川之地應屬何國管轄不辨自明若那字界牌挪西

數里此案之曲直不分矣巴曰此牌之偏東偏西尚未可定余曰那字牌本係偏東即云誤立亦不可改巴曰兩國派員會勘原爲更正錯誤若有錯誤而不更正何用查勘余曰此次會勘專爲圖門江一帶補立土字界牌並收還黑頂子地方但將此一段地方分好繪圖畫押即可還京覆

命東大川之事不過順道一往查勘此事本歸地方官辦理大澂可不問也巴曰明日即回巖杵河稍遲數日再行訂期同至圖門江會勘土字界牌設立之地可也酉刻邀巴使及各俄員同飲

初七日辰刻巴使啟程回巖杵河再上總署書

初八日晝那字界牌簡明圖寄總署閱之復汪葆田書申刻堯山都護邀往觀劇

初九日書那字界牌不可挪移五條說帖復總署書復容峻峯書上母親稟致大兄書復王念劬書

初十日發津電復余澄甫書復宋渤生書復周少庭書堯山都護因余明日覽揆之辰率同城文武來寓預祝設酒席待之賓

主二十五人
十一日謝客杜門復鄭盦師書寫篆聯四副致運齋弟書
十二日至西營答哈伯琴統領至河南答永厚山統領還至堯山都護處回寓已過午矣致王廉生書
十三日至西門外關帝廟拈香書篆屏四幅篆聯四副致盛杏蓀觀察書接佘澄甫觀察來函寄致合肥相國電總署初五電覆本日奉
旨李鴻章轉電吳大澂所議展界豎牌補記繪圖各節均尚妥協卽著照議畫押欽此
十四日復容峻峯都護書上母親禀致大兄書致王念劬書堯山都護來晤爲李仲敏畫扇
十五日復佘澄甫書復陶仲平陸振之尹伯圜書復羅裕熙書接戴孝侯書知於四月十八日丁艱作書唁之
十六日復容峻峯書臨散氏盤文一本接俄使巴啦諾伏照會爲更正那字界牌事起一照會稿復之本約巳刻與堯山都護同行至圖門江沙草峯南會同巴使勘立土字界牌大雨竟日

不能行遂改至十八日啟程矣

十七日堯山都護來晤復汪葆田書復湯伯碩書

十八日復周玉山書巳刻啟程行二十里至二道河卡倫尖又三十里至橫道河俄卡新換卡倫官索廓落伏斯奇帶隊來迎茶話片晌又行三十里至三道岡子有鹽鍋十餘家瀕海而居遂宿焉

十九日行二十五里至英安河高麗民房尖有訓蒙鄭周鶴來見獻詩一首余作一絕句答之又行三十五里至沙草峯南十餘里山麓盡處支帳而宿與巴啦諾伏帳房毘連舒利經克拉多馬秋甯及佘威羅伏莫新皆在焉巴使名其地曰吳岡先於立牌之地掘一土坑二尺深四面用碎石填築中起石臺用土堅硪僅留一長方孔約三尺餘深此處與臥峯相距不過里許

二十日辰刻與巴啦諾伏堯山都護監立土字石牌又與巴使策馬至臥峯登高四望又南行十餘里未至鹿屯島而還自土字界牌至海口尚有三十里也夜雨

二十一日大雨不止帳房多漏未刻移居臥峯南麓高麗民人

朴姓家

二十二日晴午刻啓行三十八里至英安河茶尖高麗人云俄官皆由陸路回巖杵河惟巴啦諾伏仍坐小艇出英安河口而去余與堯山商定由南道至蘇倫哈達渡海宿摩闊崴無深溝陷馬之患行二十里望見巴使與克拉多余威羅伏三人坐一艇在海灘淺水處四僕在水中挾舟而行濡滯不能速也又行十餘里至蘇倫哈達時已薄暮雇高麗渡船揚帆而渡約三里許頃刻抵摩闊崴登岸有俄官導至一公所則巴使與克拉多余威羅伏先在焉統領密薩羅說邀余住俄館辭之遂與堯山都護同宿劉家洋貨鋪

二十三日俄統領密薩羅說來約巳初刻至俄館早飯午初啓程行三十里未正抵巖杵河仍住俄館致王芷帆書

二十四日巳刻會議界務商定記文內七條事宜惟圖門江口中國船隻出入俄國不得攔阻一條巴使已函商俄京外部大臣尚無復音倭字那字兩界牌須俟履勘明白再行定議此二條須俟將來議妥後附於記文之末其餘五條均已議定交筆

帖式阿察本繙譯滿文再由滿文譯出俄文方可繕正也午後致托勤軒書至堯山都護寓中茶話

二十五日書地圖上漢文二幅雨竟日

二十六日致文煥卿書致宋渤生書至堯山都護寓中午飯申刻歸接津寓寄來京報知粵撫倪豹岑前輩引疾開缺鄂撫譚敍初前輩調任粵中奎耀山方伯升鄂撫山左陳雋丞中丞被
召入都張朗齋中丞調任東撫

二十七日起摺稿申刻至堯山都護寓中酉之

二十八日起片稿上母親稟致大兄書王芷帆慶錫安由琿春來酉刻巴使邀往觀劇

二十九日書記文一頁堯山都護來晤擬於明日先回琿春舒利經所撰地圖上詳細記文語意繁複脈絡不淸余爲刪節而改正之晚飯後至堯山都護寓中茶話接總署電

三十日至舒利經寓中商酌記文稿書記文二頁

六月初一日復總署電致佘澄甫書書記文二頁

初二日書記文三頁

初三日巳刻會同巴使先將記文畫押鈐印惟彼此互換惟地圖及交界道路記文尚未畫押復宋渤生書

初四日致合肥相國書復王念劬書復汪葆田書致堯山都護書巴使於昨晚赴海參崴

初五日改正舒利經重撰交界第一段道路記接巴使海參崴來電訂於初七日晚間同赴摩潤崴乘輪至哈瑪塘兩日可抵三岔口也致堯山都護書書交界道路記一篇巴使自海參崴歸時已亥刻矣

初六日書交界道路記一篇第二分堯山都護自琿春來

初七日巳刻堯山都護來會同俄使巴啦諾伏及克拉多馬邱甯將中俄交界第一段地圖及道路記文畫押鈐印兩國各存一分惟舒利經往查界綫未回巖杵河尚未畫押也未刻拜摺酉刻與巴使同車冒雨至摩潤崴堯山都護已先在矣戌刻上俄國兵輪船船名阿布列克管帶者拉威羅伏也

初八日寅正開船未正至綏芬河口換坐小輪船船名僻亞尼爾由河口至哈瑪塘六十里河道彎曲兩岸絕少人家船上燒

柴而不用煤中途岸上有積柴數大堆停輪片刻添柴數十梱乃行登岸時已戌刻矣俄統領斯敏而士基在河干迎候五年前在摩濶崴見之如舊相識也余與巴使同車行三十里越一嶺至俄站少憩站名巴啦諾伏站又行三十里至雙城子俄提督科爾悉利統領阿達莫爲赤密赤可伏均來迎候先至科提督寓見其夫人及女公子巴使送余至水師會館堯山都護別寓華商陳才店内

初九日至堯山都護寓同車往拜阿統領密統領及民官薩那特瓦落伏未刻科爾悉利招飲回寓少憩余以足疾不良於行適當夏令雨多感受潮溼兩日之間忽艮其趾矣亥刻堯山都護來寓同至科提督處夜飲

初十日辰初刻啟程余與巴使同車行六十里至新開河俄郵尖又行五十里渡綏芬河雨甚又行十里至俄卡少憩又十餘里至三岔口招墾局時不過申刻也曲鶴亭托勤軒均至俄卡迎候鶴亭掃榻以待有賓至如歸之樂蓋三岔口本無集鎮余於壬午年四月親自相度地勢起蓋官房招商招墾並發千金

爲積穀之資現存倉穀百餘石（每石六百斤）每遇夏間青黃不接之時借給農民稍資接濟秋收以後按戶繳還於貧民不無小補也鋪戶約有五十餘家後街房屋亦次第興造不數年間居然成市農工商賈各有欣欣向榮之意使節重來不覺喜形於色矣

十一日廓米薩爾馬邱甯與佘威羅伏同來舒利經欲赴橫山會處查勘咸豐十一年原立那字界牌之地因派佐領托勤軒托倫托哷同往吳碩甫從細鱗河來晤

十二日雨

十三日馬邱甯佘威羅伏來同至小孤山查閱倭字界牌

十四日與堯山都護同至俄卡巴使留飲薄暮始歸

十五日與堯山都護碩甫鶴亭渡綏芬河北攜帶指南鍼至瑚布圖河口插立旗幟正北山上有俄人設立木桿初不知那字界牌在何處也及策馬登山知那字木牌與標桿相去數武正與瑚布圖河口南北相對此即甯古塔副都統雙月亭與廓米薩爾馬邱甯補立之那字牌也界牌之北有俄國畫圖官支帳而居因就帳下小憩屯民李振邦餉以饘粥遂席地飽餐時已

過午矣飯後由那字牌西北行數里轉向正北盤過一嶺路向東北行堯山都護怒馬先行登一高嶺余亦策騎從之因用指南鍼測對方向遥望東大川一溝東西横亘於兩峯之下其兩峯與那字界牌南北相對從前甯古塔查界委員皆稱那字界牌之西北爲東大川亦約略之詞未用南鍼逐段測準也歸路由山南荒道至綏芬河渡口酉刻回寓

十六日復容峻峯都護書巴啦諾伏與馬邱甯多謨日落伏余威羅伏同來聚談竟日

十七日發津電致余澄甫書寫小界牌篆書十紙第十七至二十七號寫篆額二

十八日書篆聯三讀先正事略

十九日讀先正事略

二十日讀先正事略

二十一日書篆聯一讀先正事略

二十二日讀先正事略托勤軒自北路回三岔口知舒利經尚在山中查訪界牌未獲也

二十三日馬邱甯佘威羅伏同來知舒利經已訪得咸豐十一年原立之那字界牌惜托佐領未之見也

二十四日讀先正事略日盼舒利經回面詢一切竟無消息也

二十五日與堯山都護同至俄卡申刻堯山仍回三岔口巴使留余住俄館酉刻舒利經來述悉横山會處之舊木牌僅存二尺許上多朽爛惟兩面平正與枯樹不同下有碎石砌成方基荒山榛莽中有此木牌其爲那字舊界牌無疑舒利經窮數日之力南北周歷三四十里東西往復數十里始獲覩此舊址其地在小綏芬河源迤東與舊圖亦相合也俄官聞之均爲色喜巴使約明日會議二十七日啟程赴海參崴小住數日再回巖杵河

二十六日巳刻堯山都護來與巴使議定横山會處原立那字界牌之地應於該處掘地數尺先用碎石堅築臺基留一竪牌之孔俟冬令冰堅再將那字石界牌由小綏芬河拉運至横山會處屆時再由兩國大員另派妥員公同監立現從横山會處直至瑚布圖河口做一直綫節節添設土墩凡高岡阻隔處及

往來大道均須設立記號小孤山上之倭字牌與咸豐十一年成侍郎所定記文不符亦應改設瑚布圖河口該處河灘地窪恐水漲時淹及牌座擬就山坡高處建立均由舒利經一手經理余與堯山都護酌派佐領托倫托呼驍騎校永順隨同照料期於一月內妥速辦竣是晚堯山都護仍回三岔口余住俄館吳碩甫曲鶴亭已於是日辰刻過俄站帶同行李車先赴雙城子矣

二十七日卯正余與巴使同車行六十里至新開河俄郵小憩時方巳初刻也又行六十里午正已達雙城子先至科提督寓小飲余仍住會館堯山都護則徑赴華商陳才店內矣吳碩甫曲鶴亭來留之同住會館中戌刻科爾悉利招飲

二十八日至堯山都護寓中午飯吳碩甫曲鶴亭於是日午刻先赴哈瑪塘候輪船矣未刻回會館余威羅伏來晤聞機器磨麪局有殘碑一座約明早同往訪之

二十九日卯初刻與余威羅伏同車至機器磨麪局敲門而入見有殘碑半截豎立院中其下龜趺尙在文則剝落殆盡僅存

其台二字楷書甚工餘無可辨者卯正回寓旋至科爾悉利寓與巴啦諸伏同車行三十里至巴啦諸伏站換馬再行三十里至哈瑪塘不過巳初刻也仍坐僻亞尼爾小輪船至綏芬河口換坐兵輪船船名昔烏赤管帶官姓幽里也夫酉刻抵海參崴船甫泊定有俄國海部尚書佘斯達廓伏來船立談數語而去聞俄國總理海軍者國王之弟佘斯達廓伏則會辦海軍之大員因久疾不愈醫者勸令遨游四海故巡閱至東海濱維舟數日將赴長崎乘商船回國也余與巴使同車至佘威羅伏家宿爲堯山都護及吳碩甫曲鶴亭均寓佘威羅伏家夜飯時丁禹亭軍門差弁來崴持函謁見知禹亭奉合肥相國電諭已帶定遠鎮遠濟遠超勇揚威威遠六艦行抵朝鮮之元山定於初一日開至海參崴計初二日可抵埠也水師官恩格利瑪來拜

七月初一日復丁禹亭軍門信雨甚未出門

初二日巴使邀同堯山都護佘威羅伏往拜水師官恩格利瑪地方官馬廓裴斯奇管獄官辟士羅伏旋至科爾悉利寓中少憩前日科爾悉利偕其女公子由哈瑪塘同船至海參崴其夫

人與其次女先數日來崴因有小恙赴崴澡浴俄人謂海水浴身可以却病也俄官布斯席新設博物院學堂邀往一觀土木之工正在興作堂之西偏一屋羅列獸骨魚骨各種鱗介飛蟲奇奇怪怪一木一石必備其樣以資考證玻璃瓶內多蓄蛇類魚類有蛇不類蛇魚不類魚者皆不知其名蝴蝶數十種草蟲數十種皆在玻璃匣內宛然如生又有石鏃石斧云自阿濟密土中掘得者自是三代遺物即肅愼氏之砮石也又有以魚骨爲箭鏃者當亦古物余乞得石鏃一魚骨鏃一以歸申刻定遠鎭遠各艦陸續進口酉刻丁禹亭軍門來晤是夕水師會館有歌舞之會俄官恩格利瑪邀往聽樂並觀士女跳舞

初三日禹亭來寓午飯定遠管駕官劉步蟾濟遠管駕官方百謙超勇管駕官葉祖珪揚威管駕官鄧世昌威遠管駕官薩鎭冰均來謁見惟鎭遠管駕官林泰曾因病未來申刻與堯山都護同上定遠鐵艦巴啦諸伏克拉多馬邱甯倭羅忽伏多謨日落伏題列滿佘威羅伏同來科爾悉利後至俄官周歷礮臺及機器艙皆嘖嘖稱羨不已巴使率各俄員先歸余與堯山即在

船上晚飯回寓時水閣燈光滿岸矣

初四日爲俄國王后壽辰海部尙書佘斯達廓伏邀至兵艦會飲午初刻與堯山都護同往並拜水師提督廓爾呢羅伏正午刻佘斯達廓伏巴啦諾伏率領大小俄員五十餘人卽在船上行禮黃扉雙掩有喇嘛在內誦經門楣上端懸十字架左右懸男女二像須臾喇嘛啟戶出則見門內設座亦懸二像詢之俄官云一爲耶蘇一爲耶蘇之母喇嘛鬚髮皓白冠僧帽披白綾袈裟以金爲繡上下有紅十字數層衷衣亦長服束帶如裙二幅重疊下垂偏左腰而不正或拜或起或手執爐香以香煙籠於四方俄員皆鞠躬敬聽以手捫心旁有六七人穿白衣者有四五人穿黑衣者皆隨喇嘛誦經約一點鐘許誦經始畢俄官亦不行禮而退維時各船皆掛五色滿旗俄船升礮一百二我船升二十二礮賀之丁禹亭軍門後至定遠鎮遠各船管駕同來入座中俄文武大小官員同飲者六十餘人彼此舉杯頌禱歌樂並作歡聲雷動可謂極一時之盛矣申刻回寓復偕堯山都護吳碩甫曲鶴亭同至濟遠鐵艦又至超勇快船薄暮始歸

是夜俄船懸燈數千各俄館及商家亦懸燈數千我船以電氣燈照耀海濱光芒四射海若有靈亦當淩波一笑也海參崴將軍裴列高撙之夫人病久不愈故到崴數日與裴將軍尚未拜往也聞於是日卯刻仙逝明日出殯

初五日與堯山都護往答日本商務官寺見機一前日來拜時適赴定遠船未得見也午刻送裴將軍夫人葬俄禮不弔亦不送紙但隨靈柩至塋地一路聽喇嘛誦經送柩入土而已是日送葬者男女千餘人乘車者百數十人耳水師提督廓爾呢羅伏來見

初六日與巴使堯山都護同赴照相處照相復榎本武揚書致王念劬書致容峻峯書

初七日辰初刻與堯山都護及俄官巴啦諸伏克拉多馬邱甯多謨日落伏倭羅忽伏通事莫新同上定遠鐵艦適遇大雨霧氣迷濛船不能開至巳初刻始得展輪出口雨仍未止午正晴霽酉正抵摩潤崴停泊因鐵艦欲赴長崎上油禹亭軍門定於明日帶領定遠鎮遠濟遠威遠四船開往長崎留超勇揚威二

船泊摩濶崴候界務事竣即可乘輪回津也登岸後至統領密薩羅說處小憩余與巴使同車行至亥初刻即抵巖杵河

初八日卯正由巖杵河啟程午初刻至俄卡尖戌初刻始抵琿春接天津來電

初九日起摺稿發津電電致佘澄甫書閱公牘京報

初十日上總署書致續燕甫閣學書復運齋書起咨札各稿申刻拜摺堯山都護來晤

十一日復容峻峯都護書復宋渤生書復富森堂書復文煥卿書答拜堯山都護復大兄書

十二日上母親稟復王念劬書復汪葆田書復王勝之書又復崧孫書致富森堂書

十三日堯山都護邀閱東礮臺至永厚山統領處午飯致穆春巖將軍書致葉冠卿方伯書致楊實齋書釋旁肇鼎梁上官鼎伯魚鼎伯作鼎堇伯鼎袁鼎金文六種

十四日釋趠鼎己亥鼎丙午鼎犀伯魚父鼎陳侯鼎杞伯敏父鼎眉脒鼎鼄鼎先獸鼎金文九種題全形拓本五種尼廓來福

來見致托勤軒書
十五日復汪葆田書復陶仲平書釋戈叔鼎子孫作婦姑鼎員鼎且子鼎魯內小臣鼎伯𩰫鼎叔㦸鼎伯頵父鼎宋遇亥鼎金文十種
十六日起查明更正倭字那字兩界牌記文稿釋甚諆臧聿鼎鼎字象形鼎亞形祖辛父庚鼎亞形父己鼎亞母癸鼎亞形父丁鼎師湯父鼎師趛鼎師𨹨父鼎金文九種武官題列滿索廓落伏斯奇並醫官米特同來接巴磁諸伏書
十七日復鄭盦師書致運齋書復湯伯碩書至堯山都護處午飯致汪葆田書致程樂盦書
十八日上母親稟復大兄書復王念劬書復合肥相國書復盛杏蓀書錄詩草十六葉寄陳伯潛同年
十九日致陳伯潛同年書致裴樾岑同年書堯山都護來晤釋彭女鼎立旗形父𬀻鼎鼎遂啟諆鼎父己鼎象鼎象形祖辛鼎宰牲形父辛鼎鄭饔邍父鼎金文八種
二十日西營統領哈伯琴來晤釋無𢀛鼎仲師父鼎帝己祖丁父癸鼎𥁰母鼎乙亥鼎上官鼎平安君鼎舉父丙鼎子立刀形

父辛鼎手執簡形父庚鼎金文十種

二十一日起照會巴使稿爲辨論圖門江口事也釋史頌鼎立戈形鼎手執干鼎亞皇父敦仲敦子負橐形敦羞敦師舍敦伯雝父敦豐兮夷敦己侯敦祖庚乃孫敦金文十二種書篆聯四堯山都護來晤

二十二日書篆聯五虎字二篆額二釋癸山敦亯敦子負瞿形戊敦南方敦聃敦乙未敦太保敦君夫敦頌敦伯闢敦城虢敦伯魚敦金文十二種堯山都護家祭邀往喫肉

二十三日釋師寰敦陳侯曰資敦臤父癸敦伯就父敦秝敦格伯作晉姬敦雙鳥集木敦豆閉敦金文八種堯山都護來晤同至東門觀鹿書篆聯九

二十四日釋伐郘鼎赴北門外雙龍山祭風神堯山都護留飯並觀劇焉申刻歸

二十五日至西營哈伯琴統領處旋至堯山都護署中並赴各處辭行復容峻峯都護書致吴碩甫書復宋渤生書酉刻堯山都護招飲

二十六日辰初刻啓程午刻至横道河子尖酉刻抵巖杵河仍與巴啦諾伏同住俄館

二十七日與巴使議論圖們江口中國行船俄國不得攔阻一節巴使之意欲歸總署與駐京公使商議余未之允也英艦久佔朝鮮之巨文島以扼海參崴俄船出入之路合肥相國來書云劼剛與敝處屢催英退出巨文英人總謂彼若退出俄必來踞若保他國不踞英必尅期退還等語因與巴使議論及此巴使謂俄人必不覬覦朝鮮尺寸之土英人新聞紙謂俄與朝鮮立約有利其疆土之意此英人之謠諑不足信也余曰俄國並不欲佔朝鮮之島可否立一私約爲據庶中國可責備英人令其退出巨文豈不甚善巴使謂不必立約渠可電告總督轉奏俄廷總之英國兵船如果退出巨文島俄國必不效尤此可以一言爲信也

二十八日與巴使議論琿春電報與俄電接綫事宜應議條款巴使謂總辦電綫官齊米爾滿現在黑龍江可發一電調至巖杵河令與中國總辦電綫之余道面議一切最爲妥協約計俄

歷九月十五日可到卽中歷八月底也發津電二致佘澄甫書
二十九日約莫新來寓塡寫地圖上漢文須逐段繙譯也
八月初一日繕寫查明更正倭字那字兩界牌記文一篇
初二日書尨字說一篇
初三日書刟字說一篇上母親稟致大兄書致王念劬書致潘
順之年伯書發津電一致佘澄甫書致合肥相國書
初四日塡寫地圖上漢文致堯山都護書寫摺扇一
初五日寫摺扇一書毛公鼎釋文半葉
初六日寫摺扇二書毛公鼎釋文半葉
初七日書毛公鼎釋文一葉
初八日致希贊臣將軍書致文煥卿書復容峻峯書復吳碩甫
書致劉毅齋中丞書
初九日書册頁六葉書毛公鼎釋文半葉
初十日拜克拉多書毛公鼎釋文半葉
十一日舒利經由三岔口回至巖杵河知繪圖各員已陸續到
來瑪字那字兩界牌基址均已用石塡砌惟倭字界牌尙未立

妥也克拉多來晤書毛公鼎釋文半葉
十二日拜舒利經同至北營觀畫圖各俄員所繪地圖稿本均未設色也書篆聯五篆屏四幅接津電
十三日舒利經來晤發津電復佘澄甫書復堯山都護書書篆聯二篆屏二幅書毛公鼎釋文半葉
十四日書毛公鼎釋文半葉
十五日書毛公鼎釋文半葉
十六日書毛公鼎釋文竟題全形拓本二種
十七日至舒利經處閱第二段交界圖稿作交界道路記一篇
十八日至北營畫圖公所校對第二段交界里數巴啦諾伏舒利經亦來午刻回寓書魯公伐郯鼎釋文
十九日復宋渤生書致容峻峯書致佘澄甫書書微子鼎釋文書師奎父鼎釋文
二十日復堯山都護書接合肥相國電書子璋鐘史頌敦釋文
二十一日題全形拓本十三種
二十二日書魯伯愈父匜魯伯俞父簠白犇敨釋文

二十三日書芮公鬲釋文作沐沫字說載字說
二十四日作綬字說書字說三篇書篆屏四幅
二十五日書篆書夏小正二頁致劉芝田星使電接合肥相國電
二十六日書篆書夏小正二頁半致劉芝田星使電復合肥相國電致合肥相國書
二十七日復容峻峯書起照會稿書夏小正一頁書毛公鼎一頁半
二十八日書毛公鼎文四頁魯公鼎文一頁
二十九日腰痛不能動作倘係前墮馬受傷之處因感風寒復發
三十日郭梯階來晤接劉芝田電致合肥相國電致容峻峯書致劉芝田電
九月初一日書盂鼎釋文答拜郭梯階
初二日書盂鼎釋文
初三日書盂鼎釋文堯山都護自琿春來接劉芝田電

初四日書俄語四頁堯山都護來答堯山接合肥相國電

初五日會議圖門江口行船事復合肥相國電復佘澄甫書容峻峯書

初六日寫第二段第三段交界地圖漢字各一分

初七日書俄語三頁與堯山都護同赴北營畫圖處查閱倭字牌以北東大川地方

初八日寫第三段交界地圖漢字一分接合肥相國二電文歆

初九日復合肥相國電致盛杏蓀電復佘澄甫書復廖子忠書

初十日至礮隊營官處午飯書孟鼎釋文

十一日復容峻峯書佘澄甫書

十二日至畫圖處校對第六段記文山水名書孟鼎釋文堯山招飲

十三日交界第六段記文地圖竣事畫押蓋印並補第二段第二分地圖畫押寫第二段交界地圖漢字一分

十四日寫第六段交界地圖漢字一分

十五日發津電

吉林勘界記

吉林勘界記

吳縣吳大澂著

光緒十二年奉○○命會勘吉林邊界事宜四月十九日由琿春起程前赴俄境嚴杵河會商界務四月二十二二十六日兩次會議將大略情形電達直隸總督李鴻章轉電總理各國事務衙門五月十三日欽奉五月初五日○○諭旨所議展界暨牌補記繪圖各節均尚妥協卽著照議畫押欽此竊思琿春與俄國交界地方有界限不清之處因咸豐十一年前戶部侍郎成琦會同俄員建立木界牌八處其末處土字界牌最關緊要不知何年毀失遍詢土人無從查究琿春轄境處處與俄接壤副都統依克唐阿到任後查閱邊界自琿春河源至圖門江口五百餘里竟無界牌一箇黑頂子山瀕江一帶久被俄人侵佔屢與大澂照會俄員索還佔地并迭次面商據約辯論該俄員等一味支吾延宕竟於黑頂子地方添設卡兵接通電綫有久假不歸之意旋經吉林將軍希元專派協領穆隆阿雙壽等約同俄員會勘僅至沙草峰爲俄人所阻未經勘畢而回此次會同俄國所派勘界大臣巴啦諾伏等商議界務首重立土字牌交界之處次則歸還黑頂子要隘之地據俄員舒利經指出成琦所換地圖上界綫盡處卽咸豐十一年原立土字界牌之所江東有大泡子積水爲記江西與朝鮮偏險城相對舒利經卽係當時親自繪圖豎立界牌之人言之確鑿并呈出大小圖稿一牌有一牌之圖沙草峰所立土字界牌似非無據查咸豐十一年所換地圖內英尺一寸係俄國二十五里中國里五十里圖上界綫末處與海口相距幾及一寸係俄里二十餘里以中國里數計之實係四十五里惟咸豐十年條約內云兩國交界與圖門江之會處及該江口相距不過二十里咸豐十年交界道路記文內亦云圖門江左邊距海不過二十里立界牌一箇上寫俄國土字頭現查十一年所立土字界牌之地并未照準條約記文二十里之說與巴啦諾伏反覆辯論該員以爲海灘二十里俄人謂之海河除去海河二十里方是江口大澂等以爲江口卽海口中國

二十里卽俄國十里沙草峰原立土字界牌旣與條約記文不符此時卽應照約更正巴啦諸伏仍以舊圖紅綫爲詞堅執不允此四月二十二日與俄員議立界牌力爭未決之情形也此外尚有應辦事宜數端舊圖內拉字那字兩牌之間有瑪字界牌記文則缺而未立條約內怕字土字兩牌之間有啦薩二字界牌地圖記文略而不詳現應補立者一也舊立木牌年久易於朽壞鄉民有燒荒之例野火所焚延及牌木難免燬損改用石牌較易堅固亟應換立者二也兩國交界地段太長牌博中間相去甚遠路徑紛歧山林叢雜本未立牌之地難免越界之人自宜酌擇要地多立封堆挖溝爲記愈密愈詳此應辦者三也俄人所佔黑頂子地方設有俄卡現應補立土字界牌該處在紅綫界內依克唐阿當卽派員前往接收添設卡倫以清界址此應辦者四也舒利經現畫分圖以英尺一寸爲俄國一里計中國里二里較舊圖尤爲細密大澂等與該員詳加考核分注漢文俄文應將此圖畫押鈐印中俄各存一分以補舊圖之不備此應辦者五也以上各條均於四月二十六日復議界務時與巴啦諸伏詳細妥商各無異議惟補立土字界牌一節再三辯駁始允於沙草峰南越嶺而下至平岡盡處豎立土字牌以江道計之照舊圖展拓十八里徑直里數不過十四里派員前往測量該處距圖門江出海之口順水而下爲中國里三十里計俄國里十五里陸路直量爲中國里二十七里俄國里十三里半自奉○○諭旨允准後卽於五月十九日約同巴啦諸伏及舒利經克拉多馬秋甯等前赴圖門江議立界牌之地親自勘明於二十日將土字石牌公同監立幷用灰土石片深埋堅築以期經久所擬記文寫滿文漢文俄文各二分另繪分圖於六月初七日繕寫完竣卽於是日在巖杵河俄館會同勘界大員巴啦諸伏等畫押鈐印

圖門江土字界牌以南至海口三十里雖屬俄國轄境惟江東爲俄界江西爲朝鮮界江水正流全在中國境內中國如有船隻出入海口非俄國一國所能攔阻與巴啦諸伏商議數次總以奏請俄廷示諭爲

辦俟商妥後再行定議

甯古塔境內倭字那字二界牌均與記文條約不甚相符六月初十日約同巴啦諾伏等同赴三岔口查勘倭字界牌現在小孤山頂距瑚布圖河口尚有二里並非中俄交界地方查咸豐十一年前倉場侍郎成琦會同俄國大臣議定交界道路記文內稱在瑚布圖河口西邊立界牌一箇牌上寫俄國倭字頭并未載明在小孤山細詢緣由因當時河口水漲木牌易於衝失權設山頂離河較遠若以立牌之地即爲交界之所則小孤山以東至瑚布圖河口一段又將劃爲俄地現與巴啦諾伏議定將倭字石界牌改立瑚布圖河口山坡高處正在兩國交界之地按之地圖條約均屬相符以從永無爭執再查成琦所定交界道路記文內橫山會處立界牌一箇上寫俄國那字頭該處與瑚布圖河口相距約有百數十里當日立牌之數本在荒山榛莽中人迹不到之處亦無路徑可尋年久無從蹤迹中俄邊界各官均以爲此牌失毀漫無稽考光緒三年甯古塔副都統雙福與俄官廓米薩爾馬秋甯補立那字界牌在瑚布圖河口正北山上距綏芬河與瑚布圖河交會之處不及二里倭那二字牌相去太近又非橫山會處自應查明更正因委派熟悉邊界之員甯古塔佐領托倫托呼會同舒利經裹糧入山十餘日依水尋源披荊開路始於六月二十日訪得木牌一座上多朽爛僅存二尺餘下有碎石平砌臺基雖字蹟剝落無存按其地勢正在橫山會處迤西即係小綏芬河源水向南流其爲那字舊界牌又無疑義惟山路崎嶇林木叢雜新造石牌一時難以運往現與俄使巴啦諾伏議明先於該處原立那字界牌之地掘深數尺堅築石臺俟冬令冰雪凝厚再將那字石牌由小綏芬河拉運到山屆時由依克唐阿派員前往會同俄官安爲建立至那字界牌中間百數十里自應添設封堆記號以清界址現由舒利經督率繪圖各員詳細測量大澂等委派佐領托倫托呼瑚布圖河卡官驍騎校永祥隨同察看七月初八日回至琿春將各處應換石

牌繪成界圖按圖畫押鈐印

字說

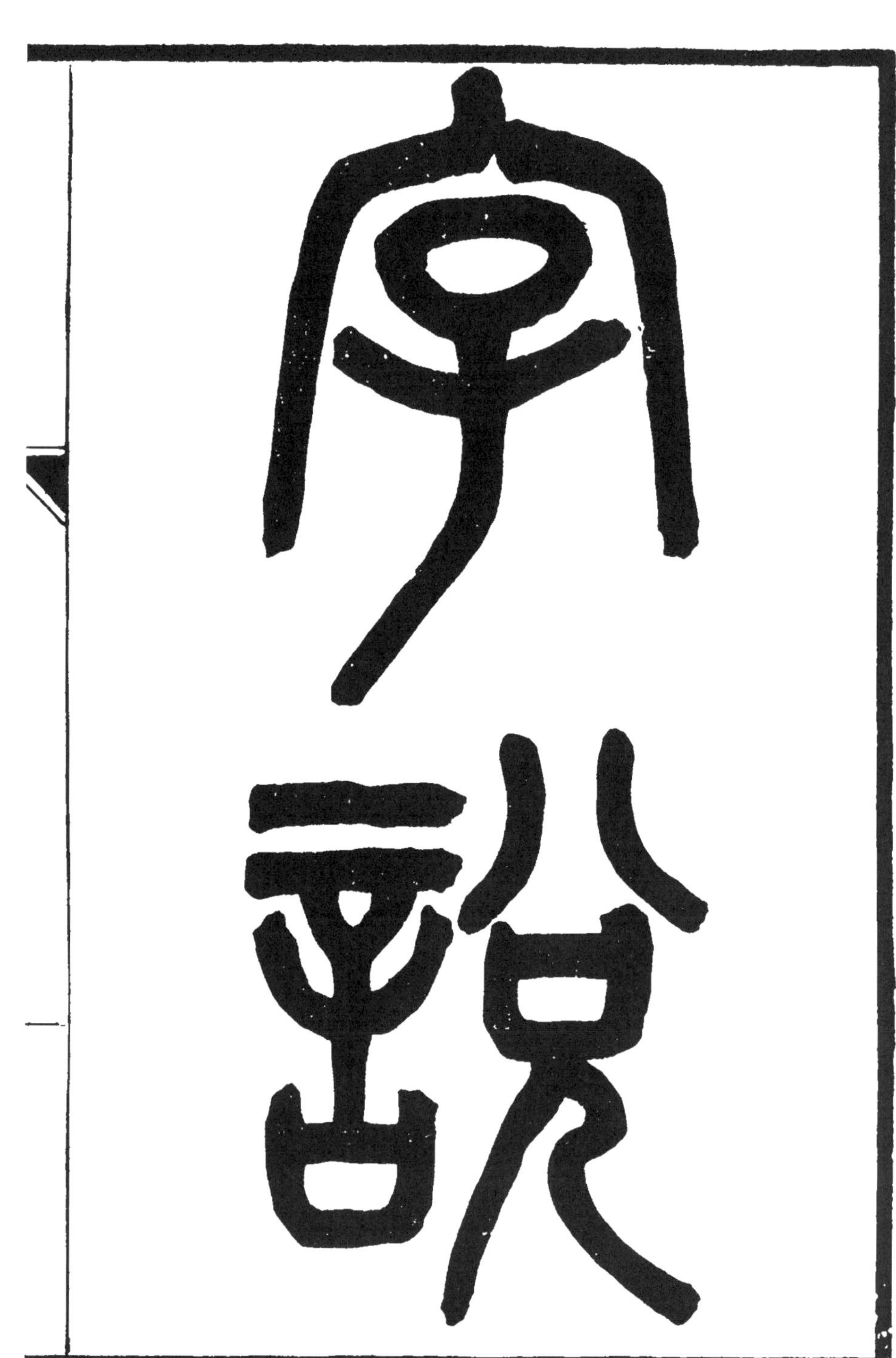

字說一卷

賜進士出身會辦北洋事宜都察院左副都御史吳大澂撰

帝字説

白虎通說文解字孝經援神契書堯典序疏皆曰帝諦也大澂竊疑諦爲後起字上古造字之始不當先有諦字以帝之大與上帝天帝竝稱何獨取義于審諦此不可解也嘗見潘伯寅師所藏舊拓本有一卣葢文曰▽己A○ㄖ乂㸚又甘泉毛子靜所藏鼎文曰▼己A●ㄖ乂㸚古器多稱且其父其未見祖父之上更有尊于祖父之稱推其祖之所

自出其為帝字無疑許書帝古文作帝與鄂不之
不同意象華蔕之形周窓鼎作帝聃敢作帝獸狄
鐘作帝皆▽之緐文惟▽▼二字最古最簡蔕落
而成果即艸木之所由生枝葉之所由發生物之
始與天合德故帝足以配天虞夏禘黃帝殷周禘
嚳禘其祖之所從出故禘字从帝也呂覽下賢注
帝也者天下之適也古嫡字通作適廣雅釋詁適
君也詩江有汜序適能悔過釋文適正夫人也公
羊傳立適以長不以賢注適謂適夫人之子古文
適作啻从帝从口適妻適子如果之有蔕一本之

所生也說文摘拓果樹實也桂氏云當作拓樹果實也从手从啻啻即果之有蔕者自帝字之本義晦而後人別出疐蔕柢三字爾雅釋木棗李曰疐之孫注疐之去柢也禮記士疐之疏疐謂脫華處說文蔕瓜當也文選吳都賦注蔕花本也西京賦注引聲類蔕果鼻也音帝爾雅釋言柢本也老子是謂深根固柢釋文柢亦作蔕疐蔕柢蔕同音皆帝之孳生字也

王字說

董仲舒春秋緐露云古之造文者三畫而連其中謂之王三畫者天地與人也而連其中者通其道也許氏說文解字王天下所歸往也竝引董氏說又引孔子曰一貫三為王漢儒多依小篆以說經與古初造字之本義不盡合大澂按王字古文作或作从二从不从三畫為古文火然虎敔字董敃鼎字皆从火舊釋董為董山非也王伐鄦侯敔金作仲僻父鼎作公違鼎作知古金字亦从火象以火鎔金之器也華嚴經音

說

義引易韓注王盛也二為地地中有火其氣盛也火盛曰王德盛亦曰王故為王天下之號皇古文作皇从日有光日出土上則光大火在地中則氣盛皇王二字取義亦相類

叔字說

古文淑皆作〓不从水許氏說文解字有九月叔苴之叔而無伯〓之〓蓋自漢人借叔為〓又誤〓為弔而〓字之本義廢矣濰縣陳氏藏觶文有〓字此〓字之最古者象繒弋所用短矢以生絲繫矢而射古者男子生桑弧蓬矢六以射天地四方故〓字从人从弓繫矢男子之所有事也〓為男子之美稱伯仲〓季為長幼之稱引伸其義又訓為善不〓即不善此〓字之本義也叔字从又从尗以手拾尗與伯〓之〓義不相類吳尊〓金

師龢父敔[illegible]市周時已假借用之漢人相因以叔為尗又于經文不尗二字多誤為不弔書大誥君奭之弗弔天多士之弗弔昊天皆尗字之譌小雅不弔昊天鄭云不善乎昊天也棐誓無敢不弔鄭云弔猶善也左傳哀公誄孔子昊天不弔先鄭注周禮大祝引作昊天不淑王氏經義述聞以為弔淑二字古通其實漢人誤尗為弔因尗弔二字相近耳邦人鐘顯淑文且皇考淑字作盄丣敔不淑作不盄許書皿部又別出盄字从皿弔聲薛尚功鐘鼎款識有盄龢鐘疑皆盄字之誤沇兒鐘郘王

庚之叔子作[illegible]从皿从心皆古文隨意增損或同音相借字多變化惟从水之淑不見于彝器款識或隸書之俗字也

韶字說

福山王廉生編修所得古塼文曰命紹□比大室𣪘吾師潘伯寅大司寇亦得數塼皆同文又一器文曰令比□𣪘南皮張孝達制軍釋作韶塼大澂嘗謂古文名紹韶招佋昭為一字韶之从音即□之變體也盂鼎作□字最古而文最緐亦作□上作乂手形下作竦手形與□字同意受从一手此从兩手受从舟為承尊之器此从□當亦盛酒之器古者主賓相見有紹介相佑助尊俎之間有授受之禮故紹字从名从糸从□此紹字之本義也

字說

引伸之為紹繼為紹承義亦相近或作[illegible]見名伯鼎文或作[illegible]見匽侯作名伯鼎文或又作[illegible]見名伯虎敢文知名伯封邑與紹繼之紹同後別作卲又省作召皆晚周文字積古齋款識載招觚[illegible]字與埍文正同阮氏釋作招故經典韶招二字通用其實皆紹之變文省从為入再變从手省酉為[illegible]再變為音合諸器文而互證之知韶本从酉不从音也論語子謂韶疏韶紹也禮記樂記注韶之言紹也周禮大司樂注大磬舜樂也言其德能紹堯之道也此韶紹一字之證漢書禮樂志注招讀曰

韶周禮大司徒注大招大夏釋文招本亦作韶呂覽古樂修九招六列六英注招樂名也此招韶一字之證許氏說文解字佋廟佋穆父為佋南面子為穆北面家語正論祭公謀父作祁昭左氏傳作祁招史記李斯傳昭虞舞象者索隱曰昭一作韶據此則佋昭為一字昭與韶招亦相通矣蓋古文屢變而漸失其本至六國時去古愈遠古文之本義亦漸晦漢隸之所從出又因六國之變體而增損之偏旁之訛以傳訛者益不少矣遺小子敢[illegible][illegible]乃从皀从[illegible]之字即丙申角[illegible]字疑即許書皀

部之𦉪字阮氏釋爲招男非也

沙字說

寰盤縞必彤沙與焦山無專鼎縞必彤沙四字同舊釋縞韠彤矢錢宮詹引攷工記天子圭中必鄭讀如鹿車縪之縪謂必縪古文相通此義最塙阮文達釋沙為矢謂矢在房攢聚之形徐籀莊釋沙从四矢水聲與寰盤矢作沙同象竊疑其非是此盤沙顯係沙字無專鼎沙字亦象水中聚沙石形按周禮內司服素沙司農注素沙赤衣也禮記雜記內子以鞠衣褒衣素沙注素沙若今紗縠之帛也縞必即素韠彤沙即赤衣二者亦相類其為沙

字無疑紗古文或本作沙非假沙為紗也

無專鼎余釋鄦惠

釿字說

世所傳古幣有梁充釿五十尚寽又有梁正尚全尚寽又有梁充釿全尚寽舊釋尚寽為當鋝古文鋝鍰本一字呂刑其罰百鍰之鍰即攷工記冶氏重三鋝之鋝鄭注謂鍰鋝似同者是也又有安邑一釿安邑二釿□一□□□等幣全古金字或釋釿為釿字或讀為化金或讀為金化大澂以為爰釿皆稱物之名攷工記冶氏為殺矢刃長寸圍寸鋌十之重三垸鄭注引司農云垸量名讀為丸貫疏謂垸是稱物之名非斛量之號又讀為丸末

知所取何義後鄭引之在下者以垸之度量其名未聞無以破之也竊疑垸字不見於他書說文土部垸以桼和灰而髤桼也一曰補垸與量名無涉周禮垸字疑即古幣釿字六國變體往往偏旁移易多失本真如古圜幣中重一兩十二銖重一兩十四銖銖字皆作一珠或誤釋一珠二字古鉥文鉥字或作針或作埜此金字分裂之證重三釿之釿或當時書作釿遂譌為土旁宄字而義不可通三釿三鋝同為稱物之名戈重三鋝矢刃重三釿文義較順以安邑一釿幣三枚當殺矢之刃輕重亦相

等此義可補先後鄭之缺蓋漢時已承其譌無从更正也安邑一釿令稱約重三錢左右以今世所傳之戈斛之重八兩九兩十兩不等則一鋝當今稱三兩左右或古者十釿為一鋝隶孛等幣重不過二釿以二釿當一鋝以二當十也舊說五以一當五十以二當十或亦不謬

奚字説

周禮春官序官奚四人注奚女奴也又禁暴氏凡奚隸聚而出入者則司牧之注奚隸女奴男奴也又天官序官奚三百人注古者從坐男女没入縣官為奴其少才知以為奚今之侍史官婢或曰奚宦女許氏説文解字訓奚為大腹而女部别出嫨字訓為女奴此非造字之本意也奚字最古者作見潘伯寅師所藏拓本卣文象人戴寠數形令朝鮮民俗負戴于道者男子多負婦人多戴童僕亦有戴者猶有三代之遺風故女奴為奚童僕

亦稱奚余所得拓本觚文鈞清館金文所載爵
文潘伯寅師所藏丙申角文皆奚之象形字
許書皿部櫝盨負戴器也漢書東方朔傳盆下為
寠數顏注寠數戴器也以盆盛物戴於頭者則以
寠數薦之今賣白團餅人所用者是也楊惲傳鼠
不容穴銜寠數也櫝盨寠數皆漢時通稱語大澂
謂婁字从女从串串疑即象戴器之形中空而重
疊者謂之婁後人加山為寠加穴為窶加竹為簍
取中空之義也加尸為屢加广為廔从木為樓从
攴為數取重疊之義也許書穴部無窶字尸部無

屢字古通作婁也婁數須盈三字與奚字雙聲皆一語之轉

爿字説

説文解字無爿字而牄牀壯狀𤖨牆戕斨等字皆云从爿聲徐鍇以為爿即疒之省又謂牆壯戕狀之屬竝當从牀省聲李陽冰言木右為片左為爿音牆皆臆説也女部妝下固云从女牀省聲它不言牀省則許書當有爿字為後人所删非即疒字許氏云疒倚也人有疾病象倚箸之形孫愐音女戹切文義字音皆與爿字不類玉篇疒音牀廣韻十陽疒士莊切則又并疒爿為一字亦强合也許書斤部斨方銎斧也从斤爿聲詩曰又缺我斨余

所藏亞形且辛父庚鼎有月字正象方鋻斧之形當即古文斨字變月為月字體之小異也推許書重文之例學在斅字下云篆文斅省兆在𠧞字下云古文𠧞省於在烏字下云象古文烏省亙在笪字下云笪或省甘在箕字下云古文箕省疑斨字下當有月字云古文斨省或後人傳寫誤挩月字耳許書[illegible]籀文作[illegible][illegible]古文作[illegible][illegible]古文作[illegible]古安藏幣文作[illegible]亦作[illegible]據此則月之重文變為月而月又為月之省文非缺月為月也

枑字說

古鉩文枑昜都左司馬枑昜當釋枑陽說文解字枑行馬也从木互聲周禮曰設梐枑周禮掌舍設梐枑再重注故書枑為柜又脩閭氏掌比國中宿互欜者注故書互為巨鄭司農云巨當為互謂行馬所以障互禁止人也高唐賦陬互横牾互與枑通今觀互字與距末之距相似故互巨兩字相混耳大澂以為梧邸之梧抵梧之梧枝梧之梧皆即枑字之誤爾雅釋邸當途梧邸釋名曰當途曰梧邸梧忤也與人相當忤也疑古字本作枑言當途

之邱如梐枑也鉥文枑陽葢枑邱之陽也釋名釋宮室梧在梁上兩頭相觸牾也疑古字本作枑互正象兩頭觸牾形史記項羽紀莫敢枝梧集解引瓚曰邪柱為梧疑古字本作枑互象邪柱形文選景福殿賦桁梧椱疊注云梧柱也葢在梁曰枑在地曰陛枑當即一字也漢書司馬遷傳贊或有抵梧疑古字本作枑抵枑者如馬之抵於梐枑也以字形文義攷之皆枑字也漢隸五字作互故改互為吾而枑字廢矣

客字說

詩振鷺我客戾止傳云客二王之後序云有客微子來見祖廟也白虎通義王者不臣篇不臣二王之後者尊先王通天下之三統也詩云有客有客亦白其馬謂微子朝周也魯詩亦謂客爲微子與毛詩序傳合余所得微子鼎有爲周客三字客作客下云錫貝五朋用爲寶器鼎二敦二其用亯于乃帝考非帝之子不能尊其考爲帝考周王之客殷帝之子其爲微子所作無疑也許氏說文解字愙敬也春秋傳曰以陳備三愙今左氏傳作三恪

漢魯峻碑魏孔羨碑竝作愘大澂以爲愙愘恪皆當讀客三恪即三客古客字从客从吕後人變吕爲心再變爲恪皆客字之異體恪訓敬客亦訓敬吕覽終座以爲上客注客敬也孔叢子恪敬也禮之如賓客也客恪二字古本一字

鉨字說

周禮掌節云貨賄用璽節鄭注璽節者今之印章也說文解字土部璽王者印也所以主土从土爾聲籒文璽从玉劉熙釋名璽徙也封物使可轉徙而不可發也案周禮貨賄用璽節上云守邦國者用玉節守都鄙者用角節是璽節與玉節判然不同且等威之辨以玉為上貨賄所用璽節不得僭用玉可知就義攷文其字亦不當从玉秦漢以來天子之印用玉偁璽下此偁印偁章不復名璽許說乃漢時通偁鄭劉猶仍古義不專以璽為王者

印也余所集古鉨印文一百餘種往往有鉨字其印即周之璽節尒爾古通璽用金故从金鉨之異文為鈺鉨鉨鉨鉨鉨鉨鉨鉨鉨全古文變化不一省金為全再省為王增尒為尒尒再增為爾或鉨或簡古今文不同也鉨文多廾鉨亦作計鉨當釋計鉨或曰本鉨當釋市鉨或曰命鉨或曰傳鉨許書計會也筭也計鉨市鉨與周禮貨賄之說合傳鉨命鉨蓋封書傳命之意與劉氏轉徙之說合又有司徒司馬司工等官名則鉨又不僅為通貨所用也古陶文節墨鉨作壐此鉨字變璽之漸

舉字說

薛氏鐘鼎彝器款識法帖己舉彝文作□□謂李公麟得爵于壽陽紫金山腹有二字曰己舉王玠獲古爵于洛亦有二字曰丁舉字體正同□為古器習見字或作□亦作□自宋以來攷古家皆釋作舉書顧命上宗奉同瑁太保受同授宗人同之同當即□字之譌鄭康成曰一人奉同一人奉瑁同酒栝三國志虞翻傳注載翻别傳云翻奏鄭玄解尚書違失事四以顧命康王執瑁古冃字似同從誤作同既不覺定復訓為栝玉人職天子執瑁

以朝諸侯謂之酒栝誤莫大焉江氏尚書集注音
疏王氏後案孫氏今古文注疏皆謂虞翻妄詆鄭
氏以冃為古瑁字重言冃瑁既不成語下文王受
同以祭太保以異同酢同非酒器而何江王孫諸
家駁之是也惟江氏王氏訓為圭瓚以祭統君執
圭瓚祼尸為證孫氏謂今文作銅以白虎通爵篇
為據似仍未塙大澂案彝器中冈字觚爵觶所見
尤多蓋商周以酒器為舉杜蕢洗而揚觶以飲平
公謂之杜舉古文作冈因誤為同余在關中得父
乙爵柱有冈吒二字釋為舉吒吒即咤之省既可

證三咤爲蒖爵又可證冈之爲酒器而非同字數千百年經師疑竇爲之一釋

出反字說

古出字从止从ㄩ反為出之倒文二字本相對也古文止字象足跡形足有向左向右之異有前行倒行之別右為□即止左為□即𡳿讀若撻向右為□即㐄小篆作㐄苦瓦切向左為□即夂小篆作夂讀若黹兩足前行為□小篆作步加𠂤為陟兩足倒行為□小篆作夅加𠂤為降兩足相竝為□小篆作癶讀若撥兩足相背為□小篆當作□今作舛以足納屨為出當作□變文為□倒出為□當作□變文為□古禮出則納屨反則解屨厂

象屨在足後形出反二字正相對與陟降二字同孟子出乎爾者反乎爾者也荀子乘其出者是其反者也易復卦反復其道疏反謂入而倒引伸其義凡相背者皆曰反以字體文義證之出與反正相背也說文解字出進也象屮木益滋上出達也反覆也从又厂反形蓋文字屢變而不得其解古義之廢失久矣詩繩其祖武履帝武敏歆儀禮武舉前曳踵禮記堂上接武堂下布武之武疑亦从两止古文作𣥠即步字後人誤釋為武與止戈之義絕不相類也

工字說

詩緜乃召司空乃召司徒鄭箋司徒司空卿官也司空掌營國邑司徒掌徒役之事正義云大王之時以殷之大國當立三卿其一蓋司馬乎大澂竊謂三代設官皆質言之司土司馬司工爲三卿司土掌土地人民司馬掌戎馬司工掌營造工作周末文字日趨於緐縟土字加辵爲徒以司徒掌徒役徒衆猶可言也工字加穴爲空司空所司何事不可解也白虎通强爲之説曰司空主土不言土言空者空尚主之何況於實以微見著此豈古聖

王設官之本意哉散氏盤𤔲土屰寅𤔲馬單𢅠䢵人𤔲工黥君宰雖文義不可盡曉而𤔲土𤔲馬𤔲工之官名顯而易識薛氏款識𢦏敦令女乍𤔲土官𤔲耤田牧敦令女乍𤔲土司工彝文作𤔲工薛氏釋司空轉以工為假借字阮氏積古齋款識司土彝文作𤔲土世所傳六國時官鉢有曰大司徒兵器曰左司徒曰坓险鉨司徒曰畬险鉨司徒曰古荎鉨司徒曰昜鉨司徒曰[illegible][illegible]鉨司馬曰鉈鉨左司馬曰鉈鉨司馬曰枑昜鉨左司馬曰杝潼鉨左司馬曰[illegible][illegible]鉨司工曰坓险鉨司工曰险

𤔲司工知晚周已有司徒之偁而司工尚仍舊名無偁司空者漢書百官公卿表御史大夫秦官位上卿成帝綏和元年更名大司空知秦時無大司空之職少府屬官有左右司空亦非秦官今經典所偁司空皆漢人所改葢古文工字有作紅者見焦山鄦惠鼎𤔲徒南中下云宮𤔲紅漢時女工作女紅即紅字之沿誤安知不因工字作空而誤讀為空耶漢唐以後司空見慣不以為異夫孰從而更正之

斁字說

爾雅釋詁射厭也釋文射本作斁詩清廟無射于人斯釋文射厭也禮記大傳注作無斁于人斯葛覃服之無斁傳斁厭也禮記緇衣作服之無射振鷺在此無斁釋文斁厭也韓詩作在此無射詩泮水徒御無斁釋文本又作射或作懌大澂竊疑經典相通之字形聲必相近斁射字體絕不類何由得而相通以鐘鼎彝器文證之虢叔鐘㝵屯亡斁與師望鼎㝵屯亡斁當釋得純無斁言德之純一不已也毛公鼎肆皇天亡斁臨保我有周當讀肆

字說

皇天無斁臨保我有周言天不厭周邦也即詩無射亦保之意靜敔簋學無斁學無斁者言學之不厭也兮田盤休亡斁休無斁者猶言無疆惟休也斁斁斁斁斁五字異體本非射字後人或釋作斁或釋作射字不同而訓則同也筠清館載小子射鼎作斁疑亦斁字詩思齊釋文斁擇也斁从目視弓下从兩手有選擇之意又與睪字相似許書斁猒也一曰終也周禮大師無射注無射戌之氣也九月建焉而辰在大火陽至亥而終九月在戌陽氣未終故曰無射

譌繇字說

散氏盤□□□師褱敨葢□我□□器文作□□白戎敨□□□□□□□□三字相近疑古文譌繇爲一字說文解字繇隨從也从系䍃聲孫愐音余招切繇役之繇謠詠之謠古皆作繇詩正月民之訛言許書引作譌言爾雅釋詁注世以妖言爲訛山海經譌火注譌亦妖訛字葢爲字古文作□亦作□此从□□後人遂釋爲譌又因□字似从系而轉爲繇此漢儒之異釋一字孳爲兩字也離騷謠詠謂余以善滛注謠謂毀也後漢書劉陶傳

注謠言謂聽百姓風謠善惡而黜陟之也古謂之譌言令謂之謠言實一字之轉也許書䚻徒歌从言肉疑䚻即譌䌛之省古文之變小篆有由簡而緐之字有由緐而簡之字省䌛為䚻先緐而後簡也許書囮譯也从口化率鳥者繫生鳥以來之名曰囮讀若譌或从䌛作[seal]又音由王氏句讀謂䌛聲不能讀譌不知譌䌛為一字耳

葡字說

葡為盛矢之器後人加牛為犕又通服今經典通用服而葡字之古義廢說文解字牛部犕下引易犕牛乘馬今本作服左氏傳王子伯服鄭世家作伯犕後漢書皇甫嵩傳注犕古服字大澂所得銅古葡有[illegible][illegible][illegible][illegible]四字[illegible]即橐[illegible]即葡毛公鼎[illegible][illegible][illegible][illegible]之[illegible]與[illegible]字相似魚服即詩采芑之簟茀魚服采薇之象弭魚服也按盛矢之器名不同而制作亦必不同有从竹从革从金之字周禮司弓矢中春獻弓弩中秋獻矢箙鄭注箙盛矢器也以

獸皮為之又繕人掌王之用弓弩矢箙凡乘車充其籠箙說文解字籠笭也笭車笭也陳氏毛詩采芑傳疏曰矢服繫於笭故曰籠箙許書籣所以盛弩矢人所負也信陵君列傳平原君負韊矢韊字从革文選西京賦吳都賦魏都賦皆云蘭錡劉逵曰受他兵曰蘭受弩曰錡錡字从金知盛弩之器有用銅者國語檿弧萁服韋昭云萁木也服房也然則盛矢之服或用革或用銅或用竹閒有用木者矣

世字說

論語子路集解引孔注三十年曰世後漢祭彤傳注三十年為一世說文解字世三十年為一世从卅而曳長之亦取其聲也古文世从卅从止見邵鐘世世子孫永以為寶世作𣥐吳尊世子孫永寶世作𣥐或从十止見師遽敔世孫子永寶世作止或作𠯑見師遽方尊世孫子永寶或作枼見趩尊世孫子毋敢㒸永寶三代彝器多偁子子孫孫其言世孫子世子孫者子孫二字皆無重文故知𠯑枼皆世字也或作枼見拍盤永世毋出阮氏釋葉

世、[illegible]

或作𦬁見陳侯因資敦世萬子孫永為典尚或作𣥚見祖日庚乃孫敢用世啚孝又一敢作用𣥚啚孝从曰从朱从木从竹皆世字之緐文葉世二字古本一字詩長發昔在中葉傳葉世也文選吳都賦雖累葉百疊劉注葉猶世也淮南子稱譽葉語注葉世也凡訓世之葉疑即从木之世字古器有象兩足形者濰縣陳氏藏尊殷人尚質文以形傳兩足繼踵即世世子孫永寶之意此世字之最古者世止同音古或相通詩繩其祖武武亦足迹也

兄況字說

書無逸無皇曰則皇自敬德漢石經皇皆作兄正義云王肅本皇作況秦誓我皇多有之公羊傳作而況乎我多有之伏生大傳皇于聽獄乎注皇猶況也馮氏石經攷異云兄古況字引詩桑柔名閔釋文兄音況常棣釋文況或為兄白虎通兄況也為證謂兄與皇聲近皇遑況兄皆古通字彝器兄字多作⿰兄㞷大澂謂先生為兄⿰兄㞷即先生二字省文說文解字㞷艸木妄生也从之在土上讀若皇漢儒以㞷皇同音遂疑⿰兄㞷為皇字古文而隸書即改

己

二十六

皨為皇此師說相傳之不同故一字而或釋兄或釋皇也兄況二字古本通用素孟蟾方伯訥所藏史棄敨有[illegible]字積古齋款識兄光敨[illegible]字疑皆況字異文舊釋兄光未塙

干吾字說

毛公鼎以乃族干吾王大澂釋以乃族干敔王干當讀扞圉即敔之省說文解字斁止也敔禁也斁敔二字皆从攴按敔與圉禦衙三字皆通詩有瞽鞉磬柷圉傳圉楬也禮記月令飭鍾磬柷敔釋文本作圉敔狀如伏虎所以止樂故有禁止之意一切經音義禦古文敔同詩烝民不畏彊禦漢書王莽傳作不畏彊圉漢石門頌綏億衙彊北海相景君碑强衙改節是禦衙二字亦通疑衙即敔之異文也

別字說

說文解字𠔁分也从重八八別也亦聲孝經說曰故上下有別又冎部別分解也从冎从刀疑古文別字从⿵冂八从刀不从冎⿵冂八即𠔁之變體加刀為別加木為栔格仲尊⿰木⿵冂八當即栔字史游急就篇簡札檢署栔櫝家是漢時別字有从木之字周禮小宰傅別注傅別券書也釋名莂別也大書中央破別之也廣韻⿱⺮別分別也分契也又分竹也類篇⿰木別兵廢切音肺券契也明萬歷初山陰古冢出晉太康五年瓦莂即古傅別之遺制栔⿰木別⿱⺮別莂皆別字之

說

䋣文𠘧為別之省文自小篆改𠘧从𠘨而𠘧八俱廢矣

文字說

書文侯之命追孝于前文人詩江漢告於文人毛傳云文人文德之人也濰縣陳壽卿編修介祺所藏兮仲鐘云其用追孝于皇考己伯用侃喜前文人積古齋鐘鼎彝器款識追敦云用追孝于前文人知前文人三字為周時習見語乃大誥誤文為寍曰予曷其不于前寍人圖功攸終曰予曷其不于前寍人攸受休畢曰天亦惟休于前寍人曰率寍人有指疆土前寍人實前文人之誤蓋因古文文字有从心者或作或作或又作壁中

古文大誥篇其文字必與寍字相似漢儒遂誤釋爲寍其實大誥乃武王伐殷大誥天下之文寍王即文王寍考即文考民獻有十夫即武王之亂臣十人也寍王遺我大寶龜鄭注受命曰寍王此不得其解而强爲之說也既以寍考爲武王遂以大誥爲成王之誥不見古器不識真古文安知寍字爲文之誤哉

夷字說

古夷字作尸即今之尸字也古尸字作𡰪即今之死字也師寰敦𢦏淮尸又云淮尸卽眉曾伯霥簠克狄淮尸兮田盤至于南淮尸=舊我員畮當讀至于南淮夷淮夷舊我員畮淮夷二字重文非夷字作𡰥也眔卣眔安尸=白=賂眔貝布當讀眔安夷伯夷伯賂眔貝布夷伯二字亦重文夷為東方之人尸字與人字相似象人曲躬蹲居形白虎通夷者僔夷無禮義論語原壤夷俟集解引馬注夷踞也東夷之民蹲居無禮義別其非中國之

人故𠃌與𠂆相類而不同大徼釋夨為卭筰之筰象西夷椎結之狀亦此意也𠃌為蹲居夨為傾頭皆賤之之詞疑古者从尸之字皆當从夷許書解尾字為西南夷所飾系尾此从夷之證也孝經仲尼居釋文𡰥古夷字也經文居字不當作𡰥疑凥字之誤漢書樊噲傳注𡰥讀與夷同漢儒或見故書夷字重文作𡰥誤以為古夷字本作𡰥許書又以𡰥為仁字古文更不可解也自後人以尸為陳屍之屍而尸與夷相混周禮淩人大喪共夷槃冰注夷之言尸也實冰于槃中置之尸牀之下所以

寒尸尸之槃曰夷槃牀曰夷牀衾曰夷衾移尸曰夷于堂皆依尸而為言者也儀禮士喪禮士有冰用夷槃可也注夷槃承尸之槃又牀笫夷衾注夷衾覆尸之衾凡此夷字皆當讀尸或故書本作尸而漢儒誤釋為夷或當時尸夷二字通用古文尸字隸書皆改作夷均未可知然則漢初去古未遠必有知尸字即夷字者故改尸為夷也使夷敦夷字與小篆夷字相近是晚周已有變尸為夷者不自漢人始矣

𡰥字說

𡰥字从尸从夂主也古文省作夂自後人避生夂之夂遂省𡰥為尸書康王之誥序康王既尸天子傳云尸主也詩采蘋誰其尸之傳云尸主也左氏成十七年傳殺老牛莫之敢尸穀梁隱五年傳卑不尸大功注皆訓尸為主皆當作𡰥不當作准尸之尸夷盉鼎迺召夾𡰥即夾𡰥之省言夾輔其主也說文𡰥終主也引伸之凡為主者皆為𡰥書太康尸位亦當作𡰥位言太康主天子之位猶言太康即位也乃後人誤解以尸位為不事事之義而

厥字之古義廢矣

拜字說

古拜字从手从𠦪古⿱艹𠦪字从艸从𠦪彝器古文無𠦪字而⿱艹𠦪拜二字皆从𠦪可相證也石鼓文𠦪字作□毛公鼎⿱艹𠦪字作□知古𠦪字當作□亦各有緐簡之不同吴尊⿱艹𠦪字作□亦作□拜字作□知□即𠦪之簡文也彔伯戎敦⿱艹𠦪字作□拜字作□知□即𠦪之緐文也拜字古文或作□或又作□皆象以手折𠦪形詩甘棠勿翦勿拜箋云拜之言拔也唐施士丏說拜言人心之拜小低屈也究與翦伐二字義不相類大澂謂勿拜之拜當訓以

手折𢷎葢漢以後詁訓家不見古文不知拜字从𢷎之義轉以甘棠詩拜字爲異解廣韻引作勿翦勿扒尤爲可異實則勿翦勿拜爲拜字正義拜手稽首爲拜字引伸之義也小篆拜从手从𠦬許氏云𠦬音忽義不可解疑古文拜字有从𠦬者𢷎忽一聲之轉形亦相似古姝字作𠦬丮或作𣓀亦从𢷎之字後人省𠦬爲𣎳再省作𣏟亦古今文之遞變而失其本義也

鞭字說

說文鞭古文作𠊊與諆田鼎𩣡字之左旁相似知御字古文从馬从鞭𠊊為御者所執上象其裹首之帕也大鼎御字作𩣡知𩣡即𠊊之異體師虎敦命女御乃祖考啻官御字省作𩢪師龢父敦既命女御乃祖考嗣亦省作𩢪或不知𩣡之省文遂誤釋為更詩以御于家邦箋云御治也齊侯壺用御爾事與書泰誓越我御事同意說文御字古文作馭則省𠊊為又已失執鞭之義後人變𠊊為𩢪又加人旁革旁字體日緐而鞭字馭字之象形會意字說

三十四

皆不可攷矣

瑚字說

禮明堂位云夏后氏之四連殷之六瑚周之八簋疑六瑚當作六簠左氏哀十一年傳胡簋之事注胡簋禮器名夏曰胡周曰簋胡簋即簠簋之誤古文簠作⿷匚古或加金旁作⿷匚鈷或从故作⿷匚故虢叔作叔殷敦簠作⿷匚古簠之反文正與胡字相似知胡簋即簠簋矣或古文有从王之簠反書作⿰王⿷匚古而漢儒遂釋為瑚字未可知也

尨字說

古文有相似而義不相類者漢以後字體屢變往往兩字混為一字如尨為犬之多毛者小篆作尨是也詩無使尨也吠傳尨狗也引伸之義謂雜色為尨雜色馬為駹雜言為哤皆當从犬从彡至敦厖之厖當从夰不當从尨尨姞敦夰字與戲鐘夰姬皆从大不从犬說文厖石大也當即从厂从夰之字不當从犬也後人因夰尨二字形體相似誤為一字義不可通左氏成十六年傳民生敦厖注厖大也國語周語敦厖純固注亦訓大詩長發為

下國駿厖皆當从尨左氏襄四年傳尨圉漢書古令人表作厖圉即尨姬尨姞之尨加厂為厖或从龍作龐龍尨厖龐三字當即一字自三代古文不傳于世而从大之尨與从犬之尨混為一字豈不謬哉

靷字說

說文靷引軸也从革引聲籀文作𩌦大澂竊疑車部䡇字即靷字古文䡇下云車伏兔下革也从車𡙛聲𡙛古昏字讀若閔閔靷聲相近伏兔下革即引軸之靷詩小戎陰靷鋈續毛傳靷所以引也廣雅釋器陰靷伏兔也伏兔引軸即一物从車从革即一字毛公鼎[illegible]从車从婚古婚字作[illegible]見殳季良父壺又作[illegible]見多父盤籀文作[illegible]見說文婚字下是[illegible]字即䡇字無疑彔伯戎敦[illegible]字亦即䡇之省皆靷字也毛鼎云右厄畫轉畫靷彔伯戎敦

字說

云畫鞫金厄畫轉文亦正同伯晨鼎畫鞫之鞫作叩知[illegible]為[illegible]之省文叩又為[illegible]之省文也

壬申中秋前四日以三元易之常經堂野友

馬拟鶴之藏原拓初印甚精 補广

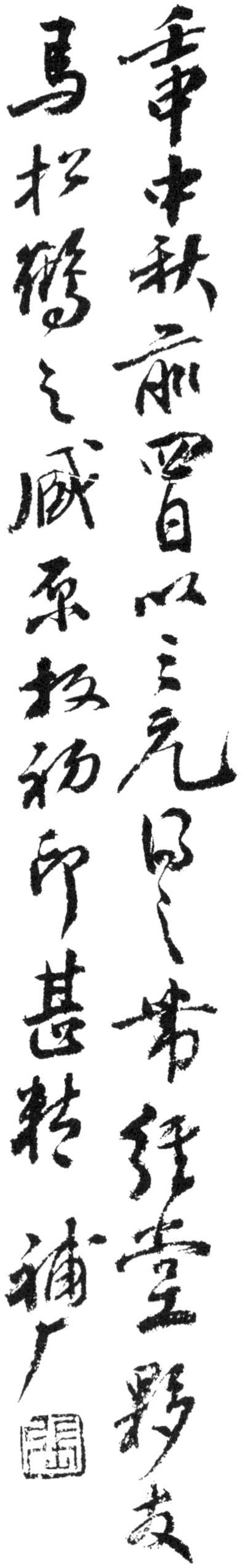

權衡度量
實驗攷

光緒甲午年正
月長沙館署開彫

黄鐘之以九寸為法也自班志始也其言十分為寸與史記云九九八十一以為宫其説略殊而面冪周徑不著其數古今容黍大小難齊故物既亾遺法莫究於是明朱載堉著律吕精義不宗黄鐘九寸之説而李文利律吕元聲傅會吕覽以黄鐘為三寸九分異論紛紜各執一是夫黄鐘者律吕之本權衡度量所由起也以古聖帝明王斤斤致謹之事而後儒憑虚逞臆推測而損益之傎執甚焉魏晉以来留意古

器隋宋之代參研秬黍欲探古樂之原終不外斯二者以古器證古尺兼求容黍之數黍合尺合而黃鐘之宫合即推以審音制樂當無不合者然非博覽閎識之君子烏足以明之大中丞愙齋尚書同年當代好古鉅儒也生平藏古玉甚夥攷證而品第之著爲圖說深有裨於經學既得古宏璧鎮圭鎮琮以知周尺之準又得古玉律琯尺寸相符適容千二百黍定爲周之黃鐘律琯推之古尺權量皆可一以貫之豁

然悟班志黃鐘九寸之未為定法懼古器久而散失鐘律不明於天下取周秦漢唐器兵權量泉確有可據者區部圖之命曰權衡度量實驗攷欲人循是攷律原以存古樂使三代法物晦而復章可謂盛心也已隋志言荀勗制尺得魏襄王冢中周時玉律故以勗所造晉前尺為周尺宋王應麟玉海列十五等尺以司馬公所摹漢前尺為周尺然校之皆與曲阜孔氏所藏建初慮俿銅尺合非周尺也錢溉亭先生律

校衡度量實驗至

呂古誼以今藏曲阜顏氏者為真周尺明周尺難得如此經傳記古玉尺度最詳後人以其無文字忽而不察今尚書精意參覈得古玉與周尺相準者至數十器之多旁推交通冥合神契為自来攷據家所未到其論黃鐘尺寸實有可徵視朱李二子虛造抑班之辭相去何啻天壤先謙於律數無所通曉承命作序謹推論其緣起竊謂

本朝實事求是之學曠隆往代而天地之祕聲音之

元將有大顯於二千年後者先謙厠身其間益得讀所未見為可幸也光緒二十年歲在甲午孟春月長沙治年愚弟王先謙謹敘

權衡度量實驗考

律度量衡皆起黄鍾而千年已來人不識黍丞乃疑其縱横求之羊頭舍經典之明文昧字形之昭晰五穀不分良可閔笑也閻運箋注三禮及解説文備疏證之當世通人猶未之察

愙齋尚書閱伍疑衡視學下車恭承訪逮偶論剡圭璧羨並發積疑驚其通辟契於神解由是請益獲見著書皆實事求是若游三代

論及絫黍不謀而同因亦以一稃二米初非異瑞聞之心曠頓披雲霧不顧羣儒之囁呶誠生平之慶快也既博求古器悉陳紓寶躬自斠驗成權度量衡攷一編請而觀之咸有實證且九九八十一黍以生黃鍾之管而孟堅述之以為九十分千二百黍兩之為兩兩者分也實六百黍而以為二千四百黍九十黍之長當今度八寸二千四百黍之重當今

權衡二兩又一龠當十二銖以聘禮餼米百筥計之積五萬龠爲二千五百斤非人牛車所能勝今破兩之四減尺之一損斛四之三則人食四升米當今一升食十斤肉當今四斤有奇人長八尺當今六尺四寸於古義今情始得大通權量法度帝王所謹

尚書光贊中興務爲有用之學以通於政不爲撏撦空疏之談與近世章句之儒絕殊信

可以垂經訓昭後覺如日博古則鄙生蓋猶
未暇云于時
光緒廿年四月丁未朔王闓運謹題

周鎮圭尺 璧羨度尺同

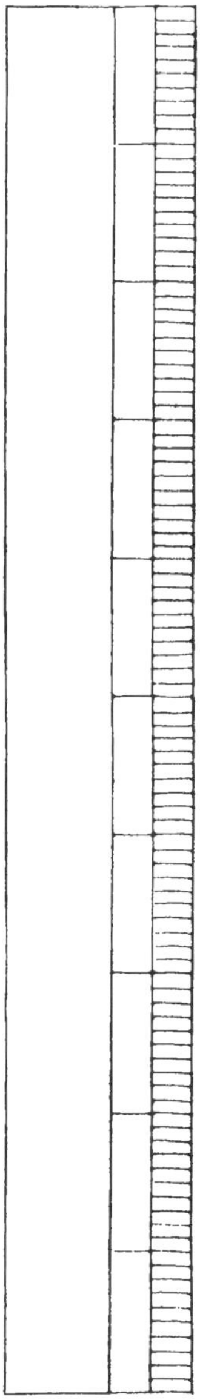

大澂所藏古玉與是尺可相證者二十有四器

鎮圭十有二寸 琬圭十有二寸 搢圭一尺 桓圭九寸

瑑圭十有一寸 瑁五寸 珽六寸 四圭九寸

宏璧十有一寸 九寸璧 七寸璧 六寸璧 五寸璧五

五寸瑗三 大琮十有二寸 九寸琮 四寸琮 玉瞿十有二寸

鎮圭

大瀓得是圭於大梁審爲天子圭中必之圭當合周尺十有二寸因此攷定周尺又以大琬大琮九寸璧較之無不合者

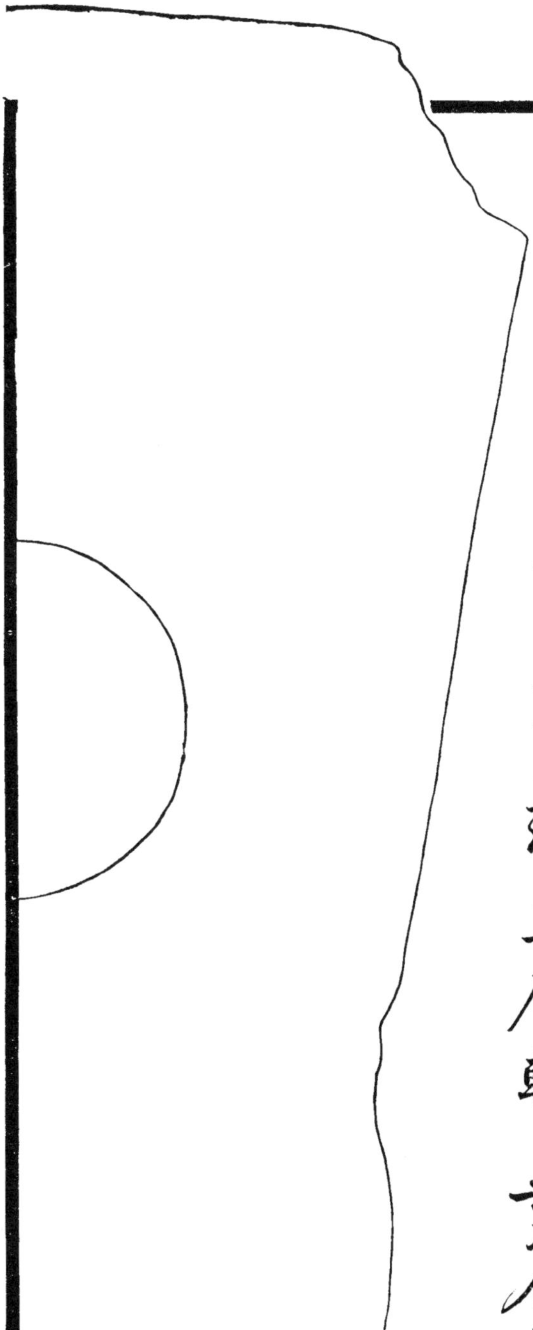

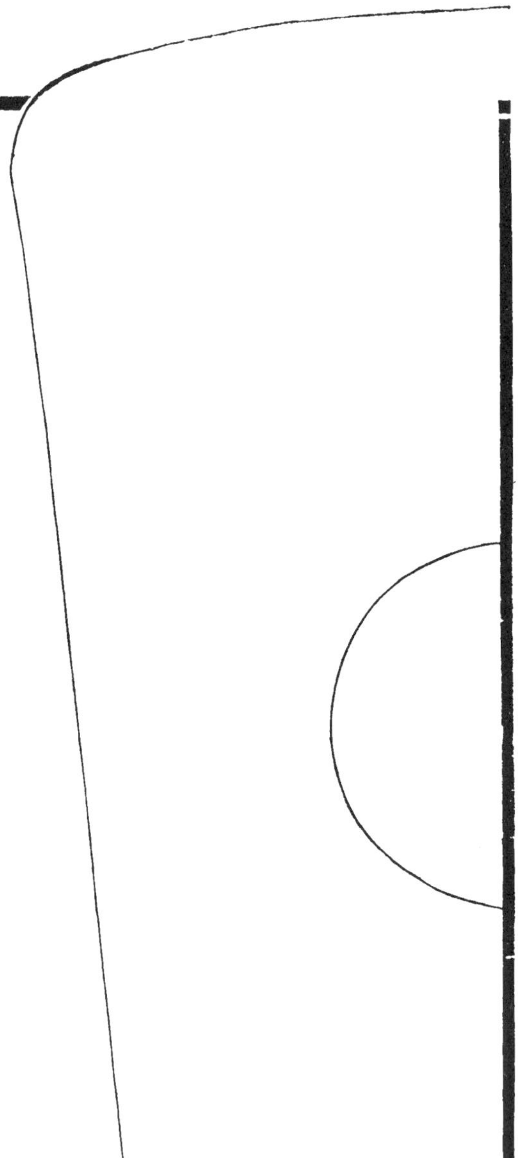

琬圭

合鎮圭尺十有二寸書顧命鄭注大璧大琬大琰皆度尺二寸者

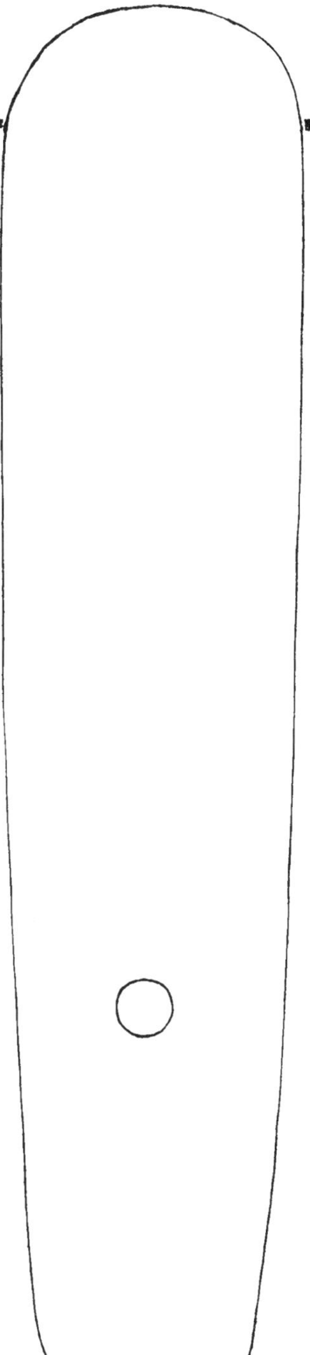

考工記玉人琬圭九寸而繅以象德鄭注琬猶圜也王使之瑞節也典瑞琬圭以治德以結好先鄭云琬圭無鋒芒故以治德結好

搢圭

合鎮圭尺一尺旁有一穿當係横佩如搢珽然

桓圭

合鎮圭尺九寸當即上公所執之桓圭

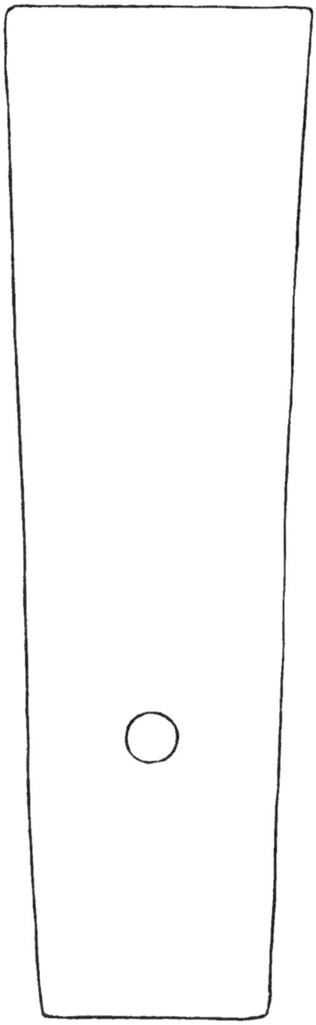

瑑圭

合鎮圭尺十有一寸刻文細而精周禮所謂瑑圭璋璧琮是也

權衡度量實驗攷 九

瑁

合鎮圭尺五寸玉色純黑說文瑁諸侯執圭朝天子天子執玉以冒之似犂冠

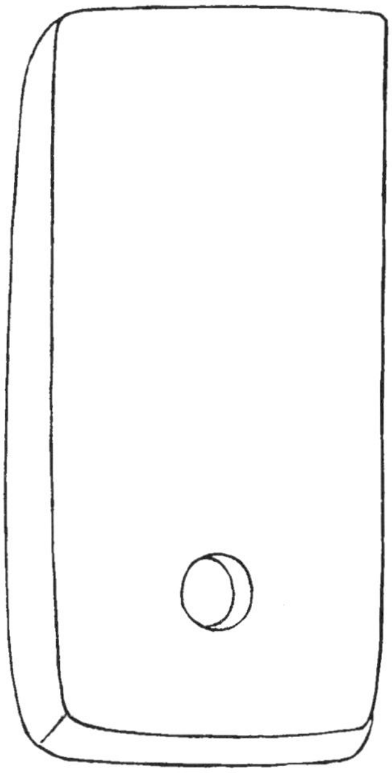

段注云爾雅注作犂錧謂耜也周禮匠人耜廣五寸二耜之伐廣尺是玉五寸與犂冠之說合

珽

形制與鎮圭同適合鎮圭尺六寸玉質中含金星似今之金星瑪瑙古玉中所罕見

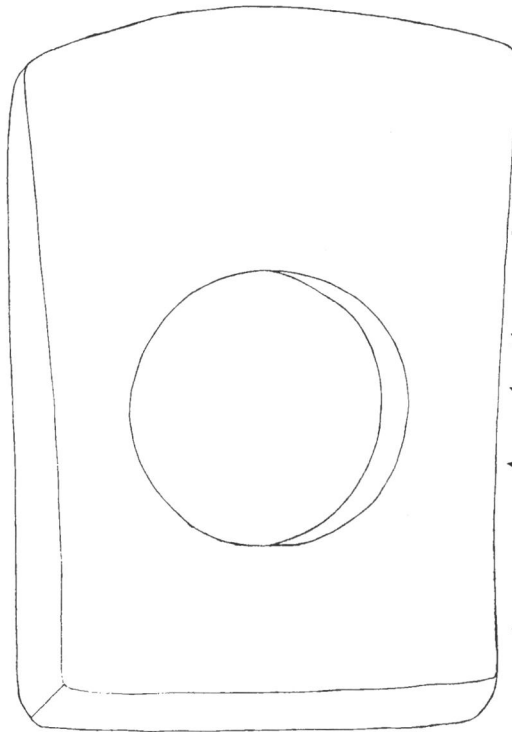

周禮鄭注引相玉書曰珽玉六寸明自照與大圭長三尺之說不符及得是玉知古珽有六寸者與相玉書合

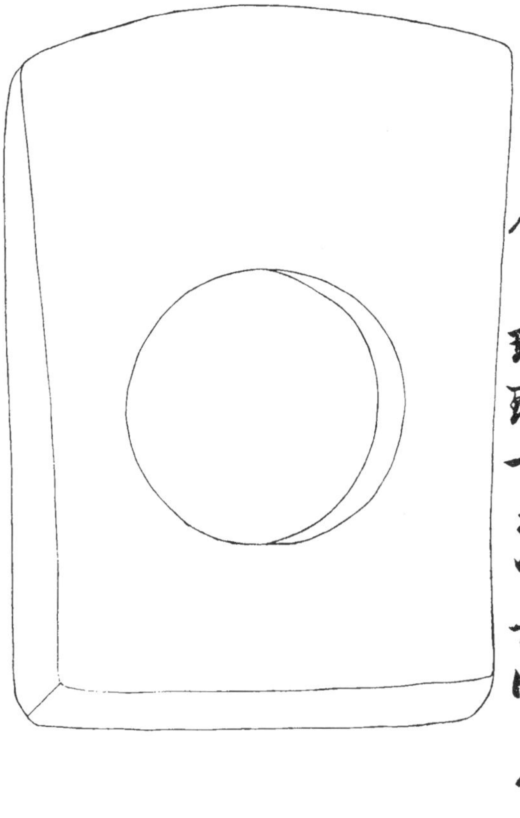

權衡度量實驗攷

十一

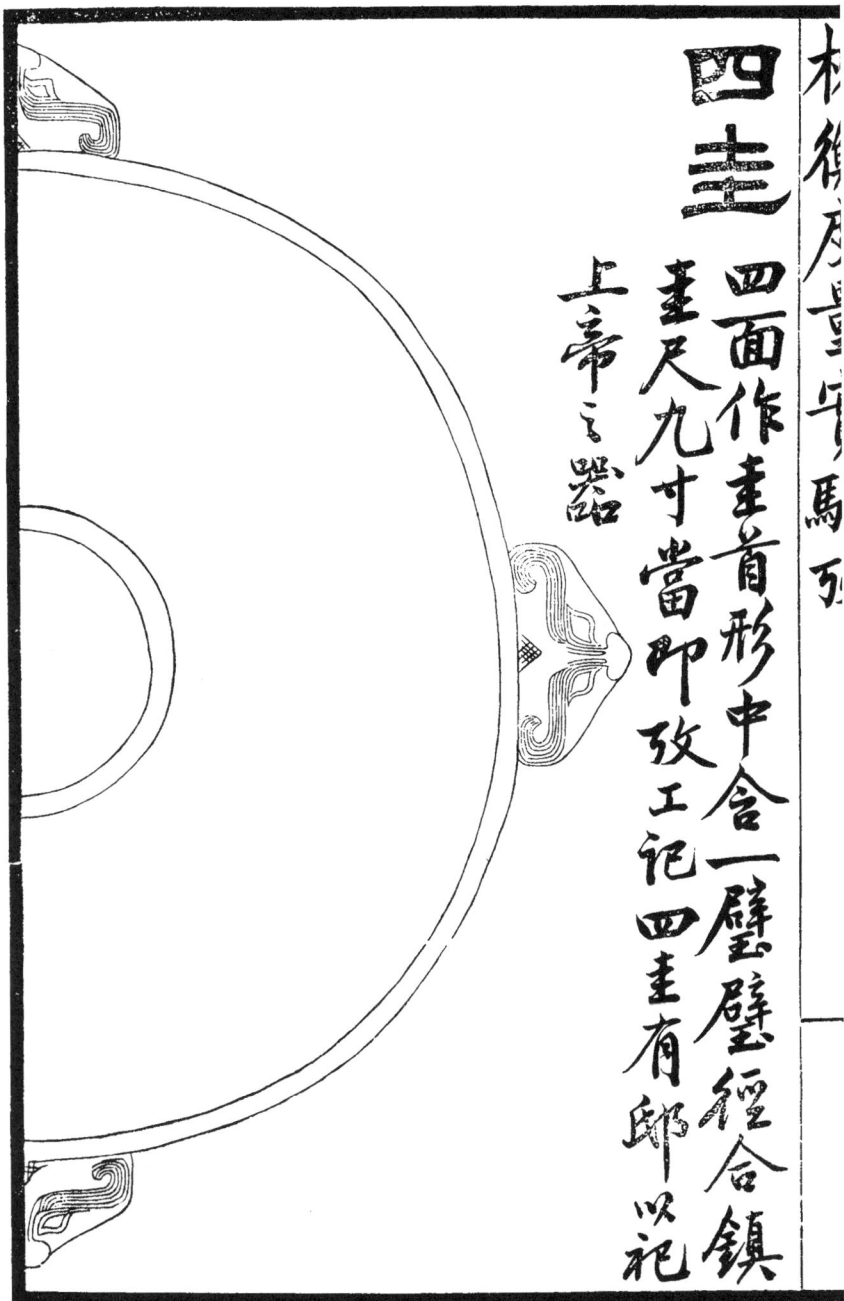

四圭

四面作圭首形中合一璧璧徑合鎮圭尺九寸當即攷工記四圭有邸以祀上帝之器

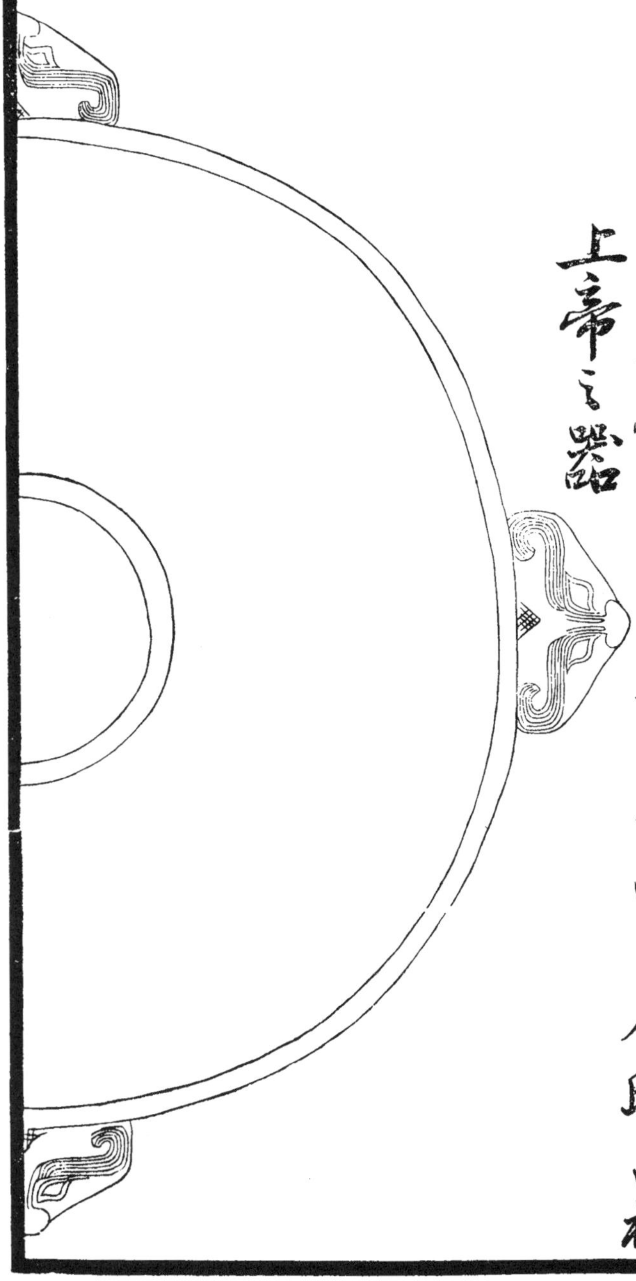

權衡度量實驗攷

十二

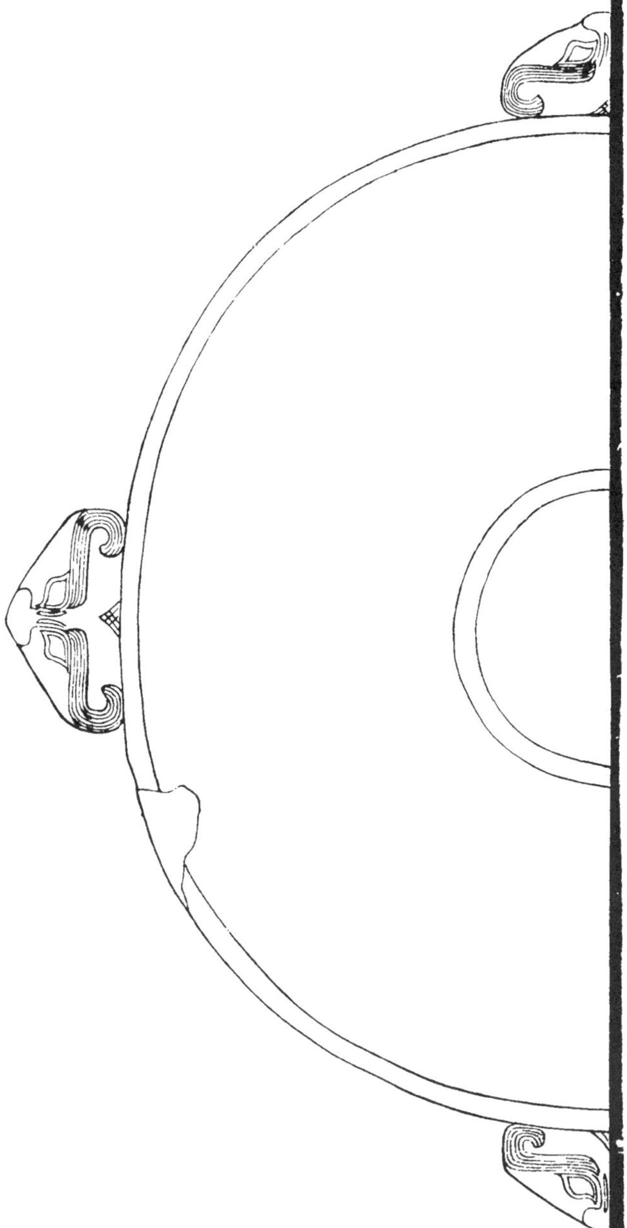

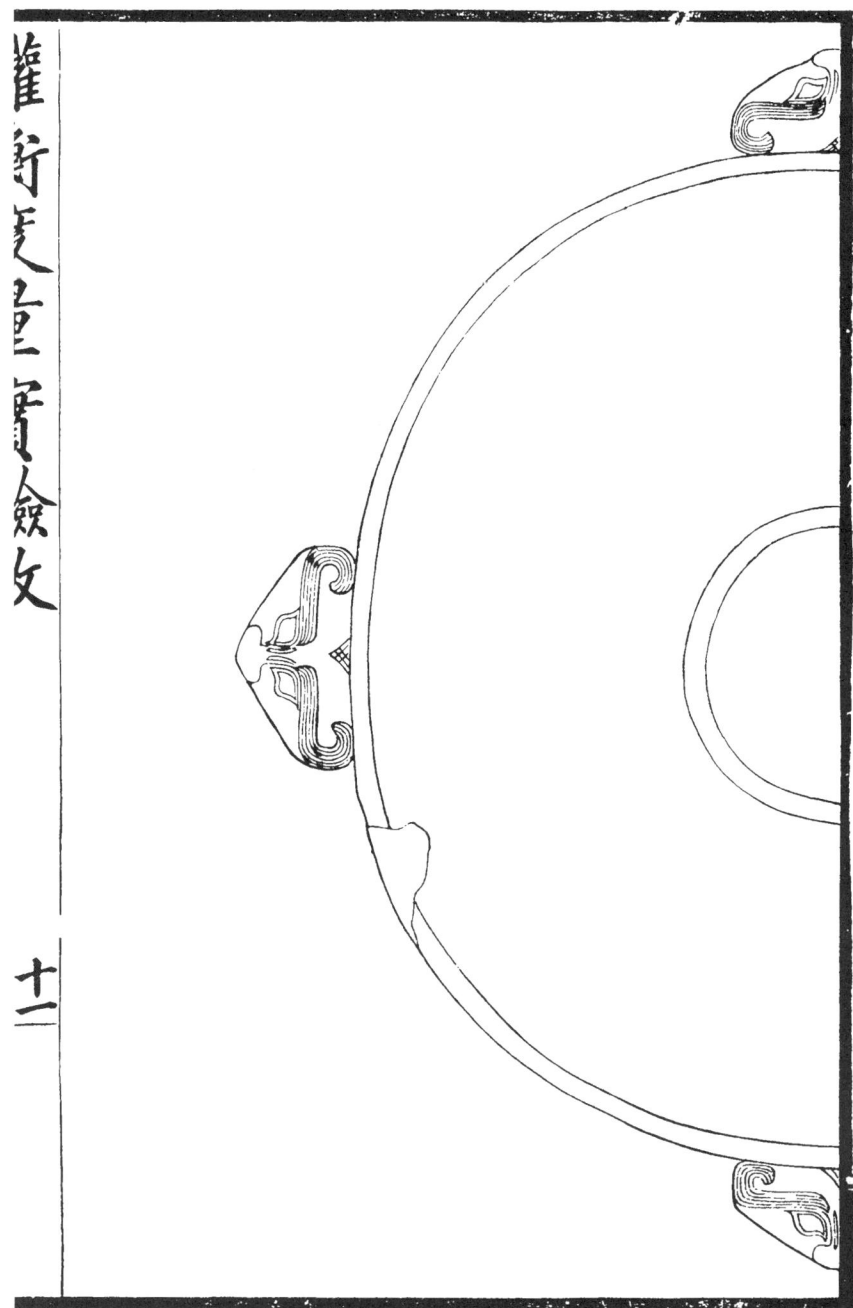

柯衡廬壹寶馬攷

宏璧 合鎮圭尺十有二寸

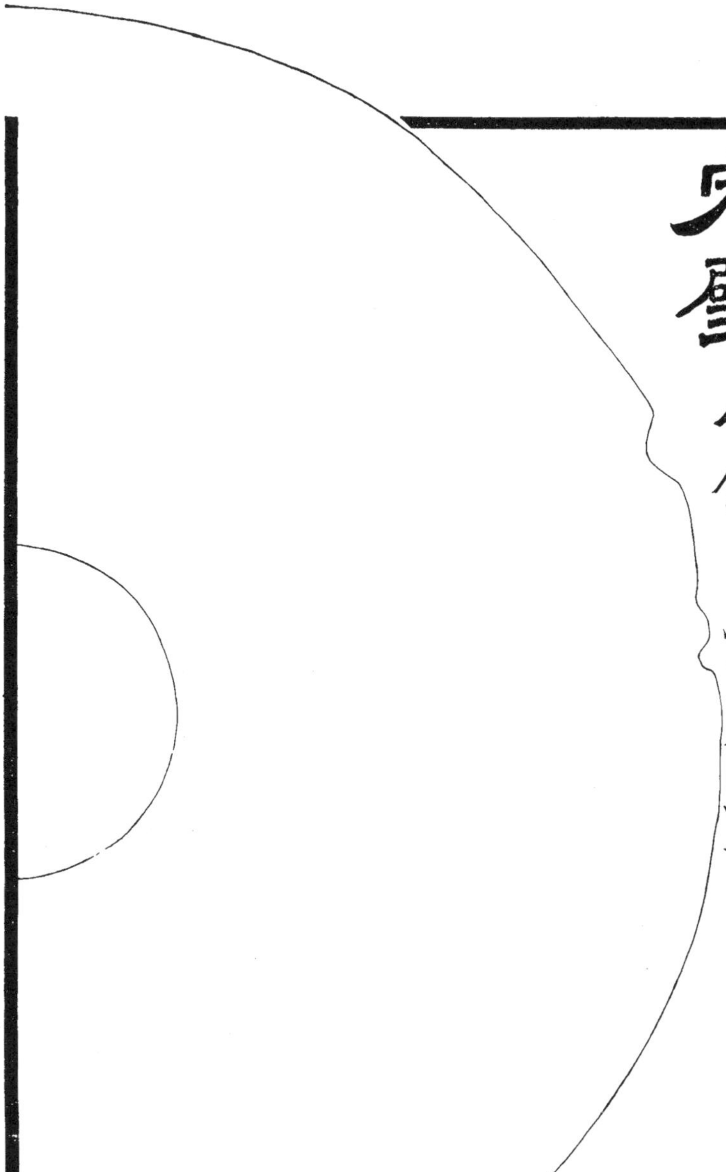

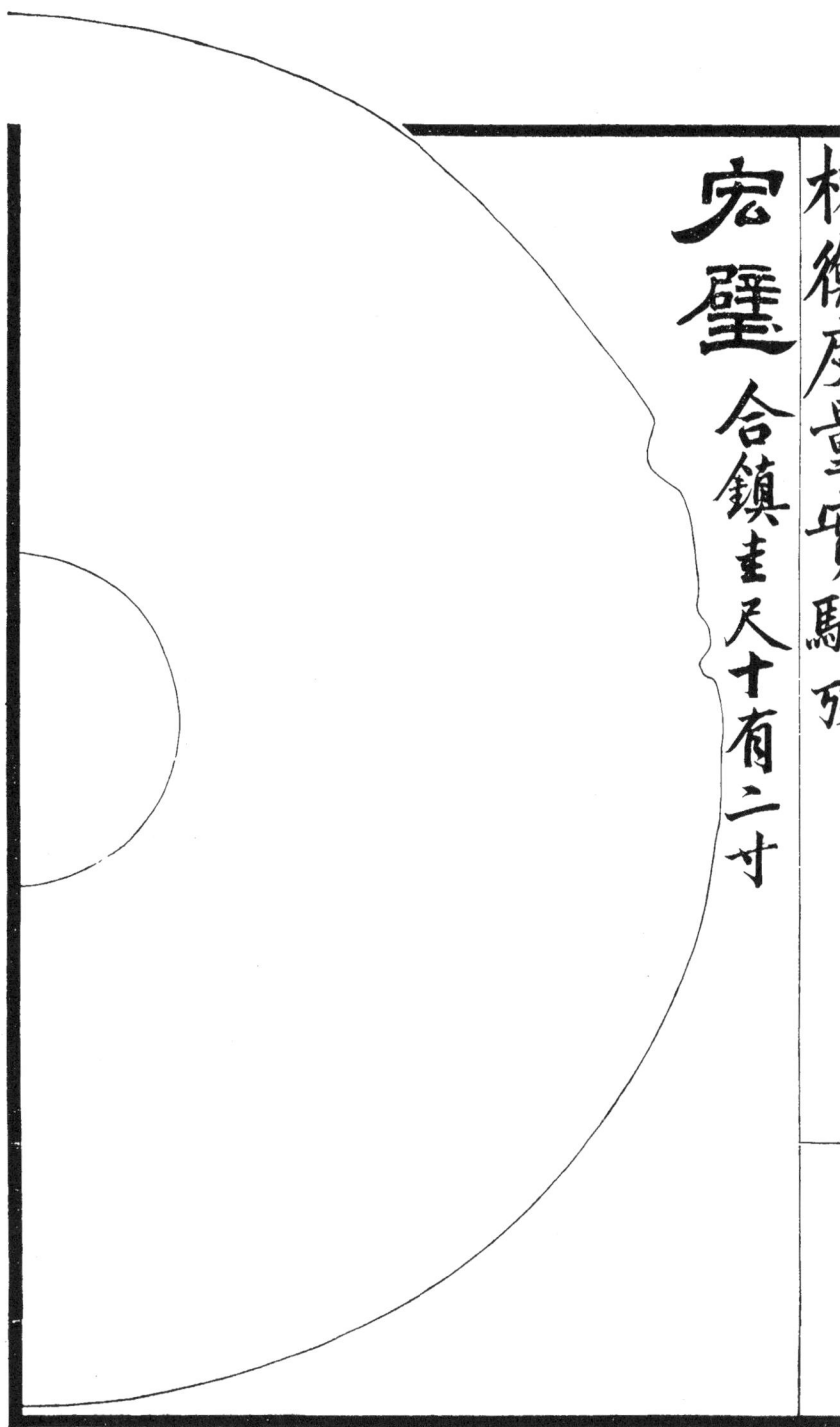

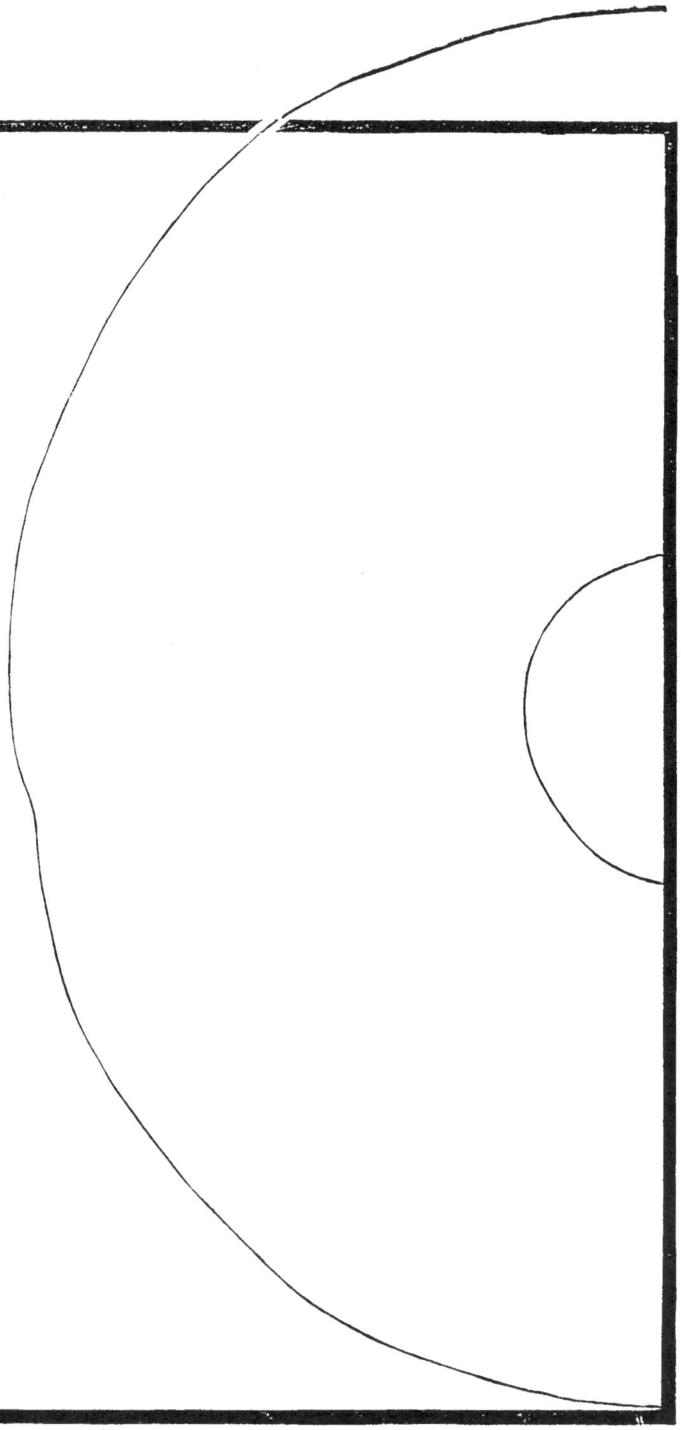

璧

合鎮圭尺九寸周禮攷工記璧羨度尺好三寸以爲度是璧好三寸兩肉各三寸適合九寸加一寸爲一尺故曰璧羨度尺

兩面文同

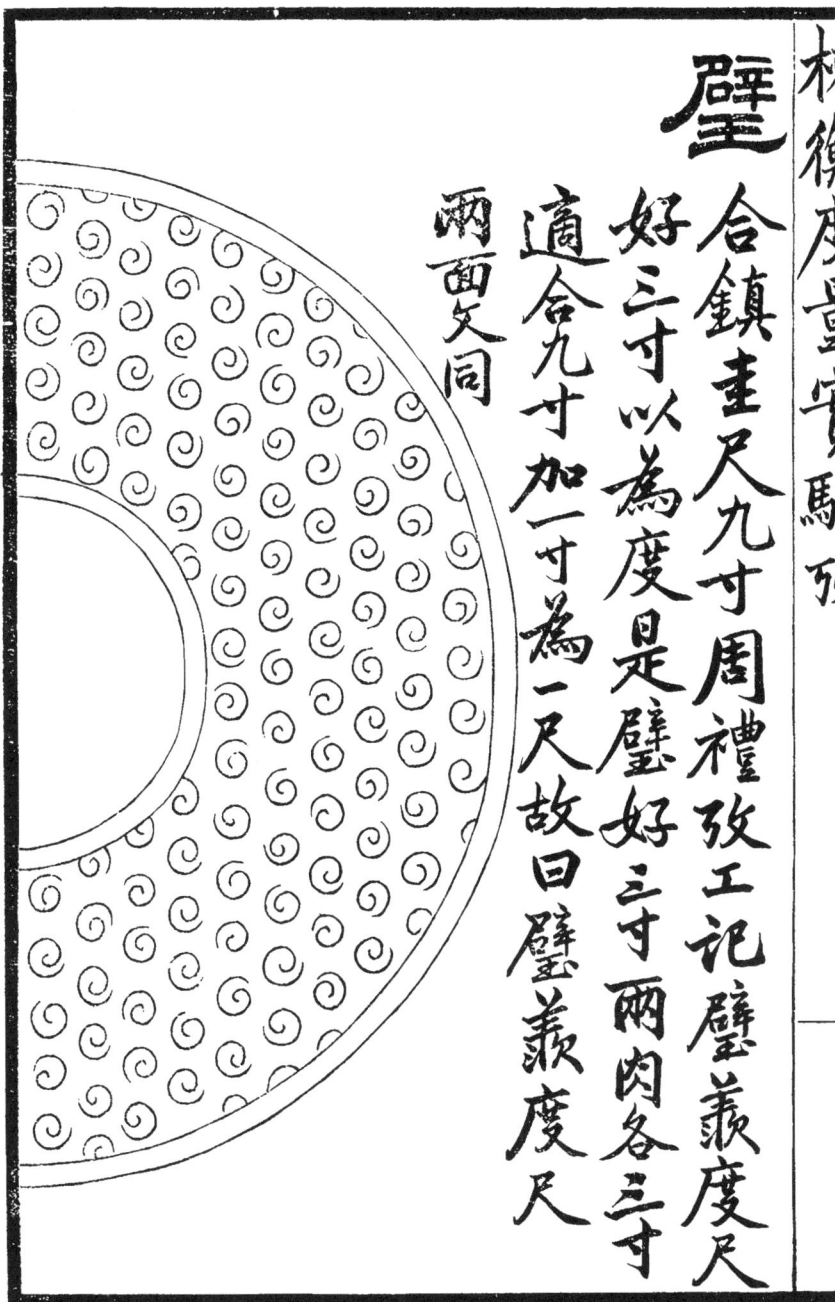

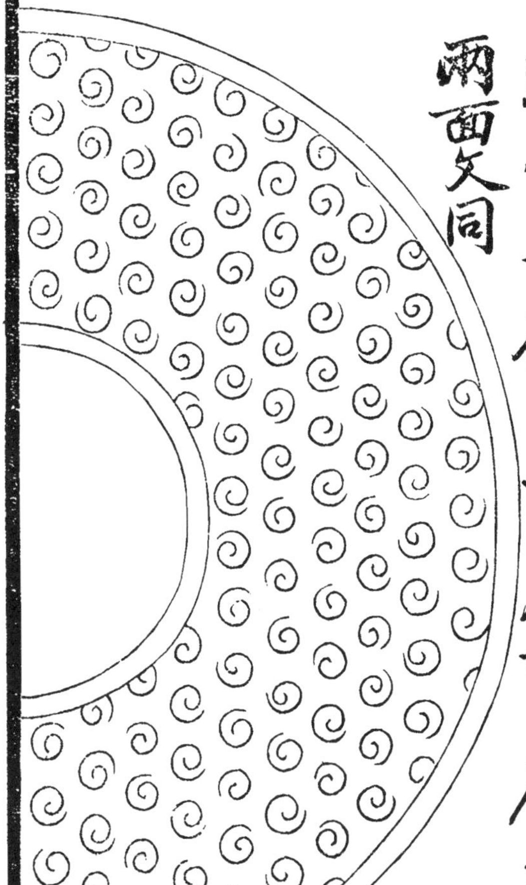

權衡度量實驗攷　十三

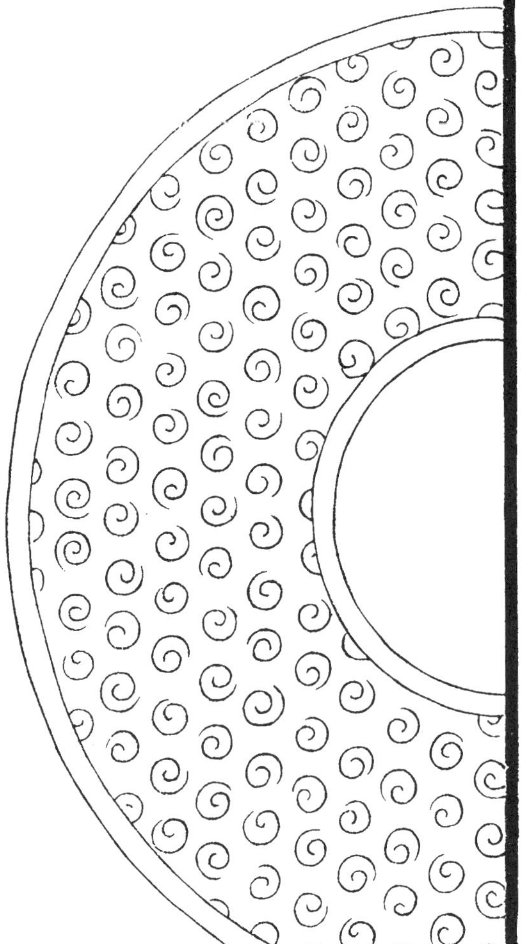

壁 合鎮圭尺七寸兩面文同

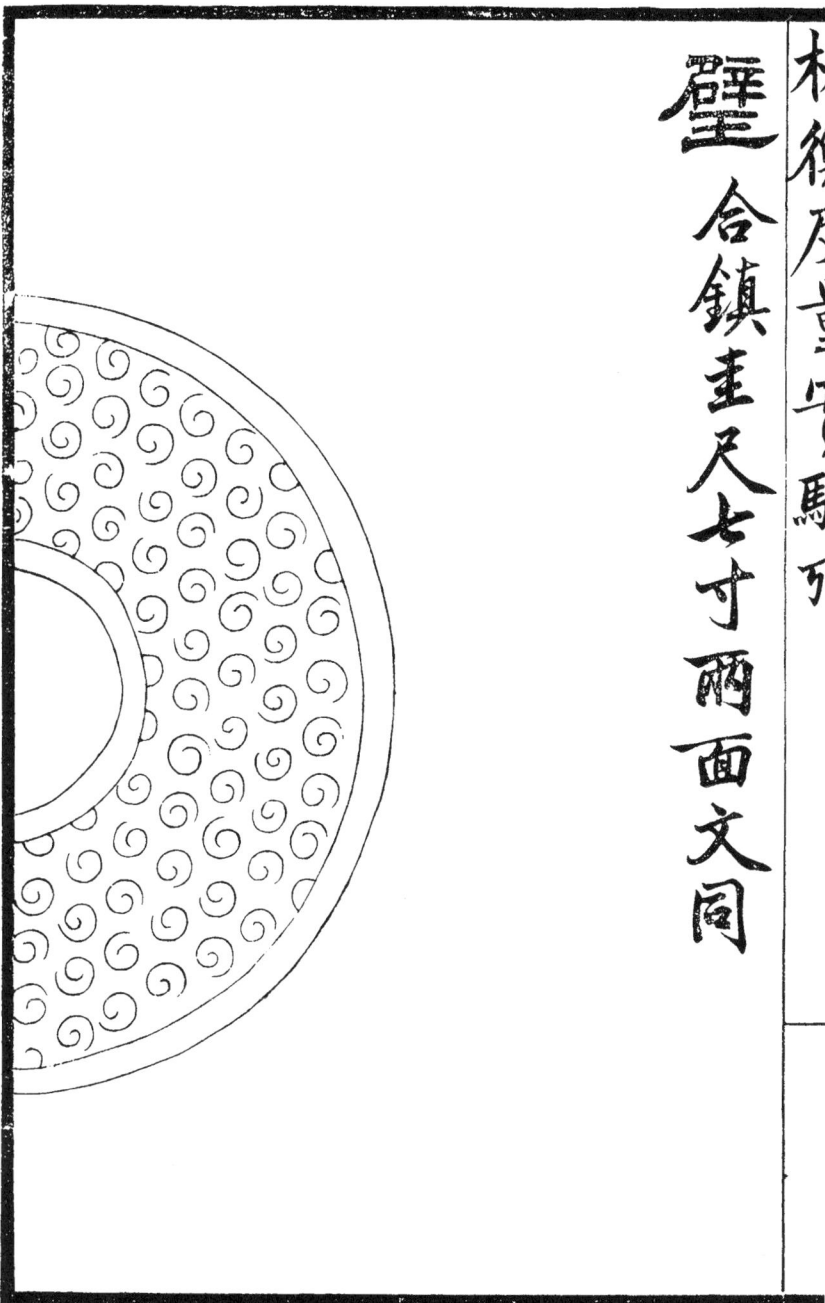

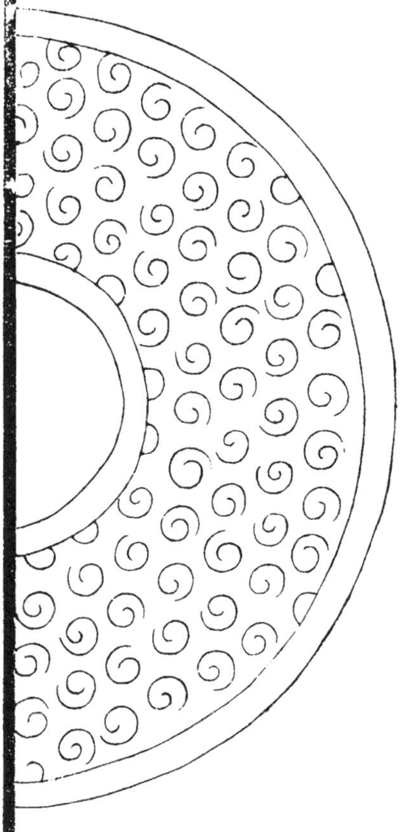

權衡度量實驗考

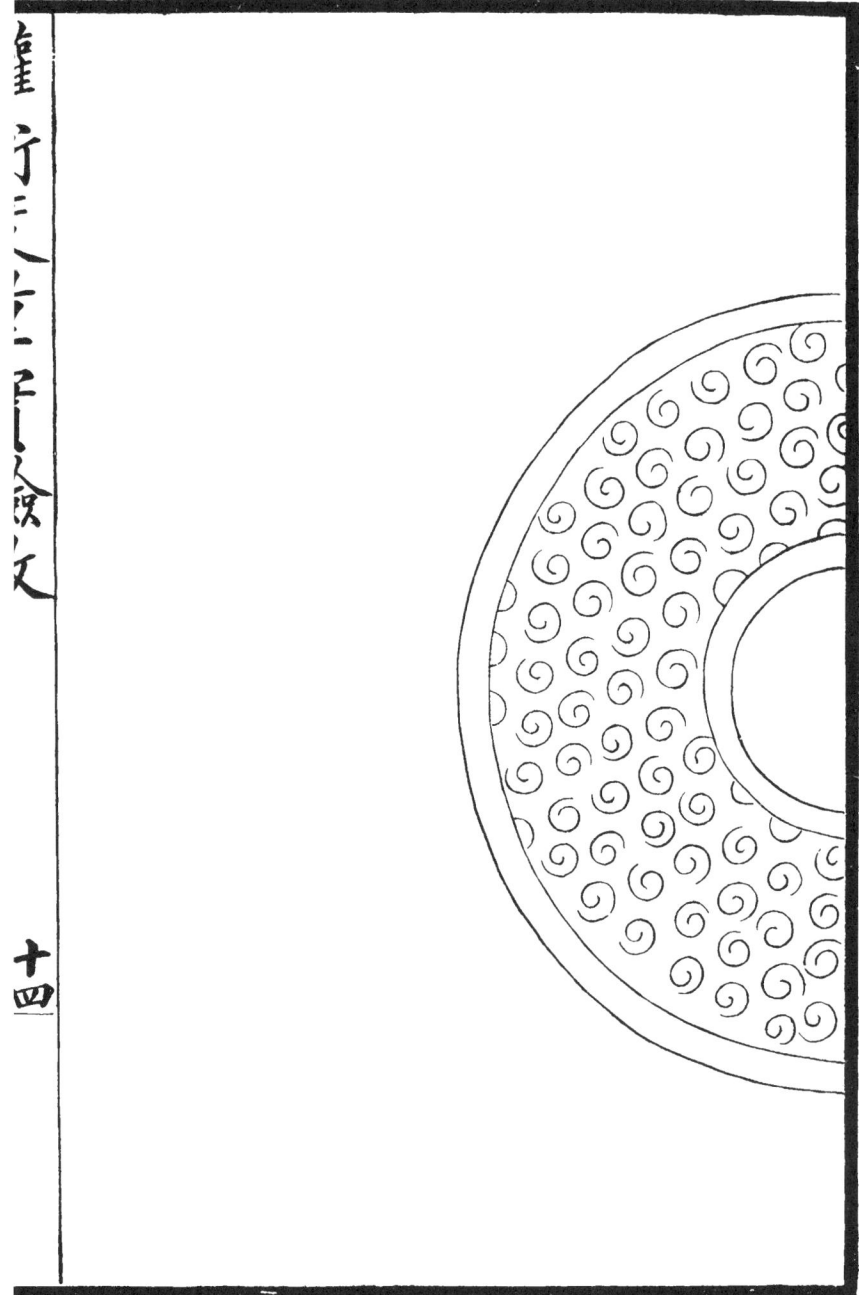

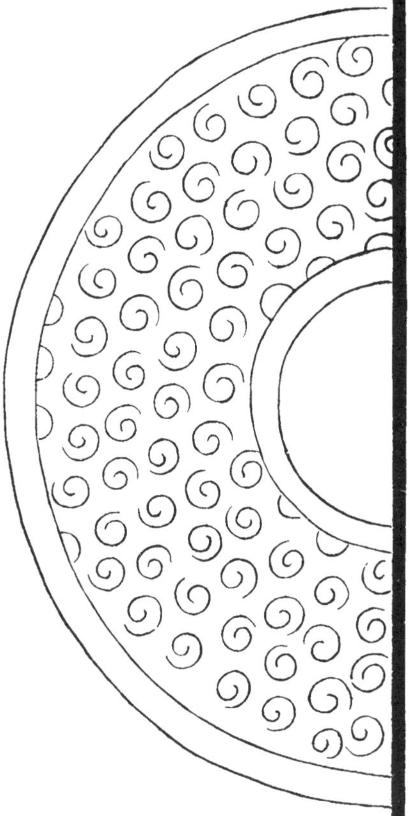

十四

權衡度量實驗攷

璧

合鎮圭尺六寸兩面文同

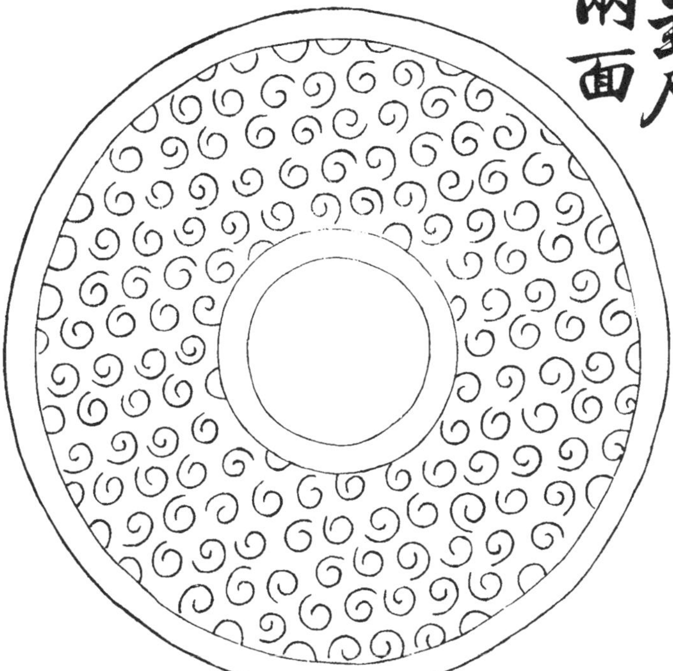

穀璧 合鎮圭尺五寸

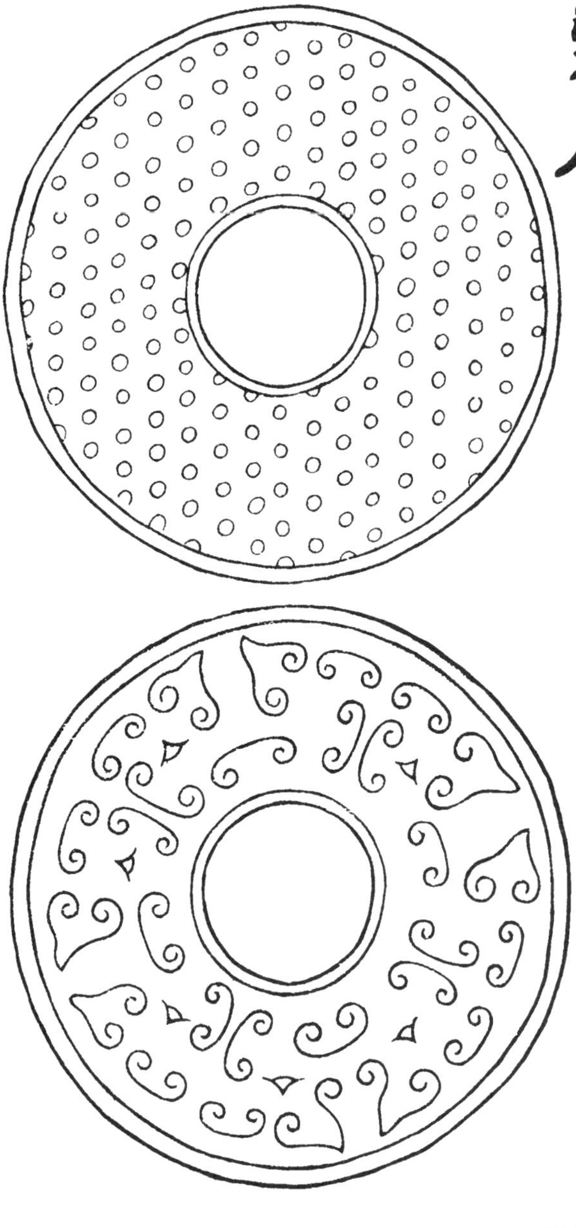

璧合鎮圭尺五寸兩面文同

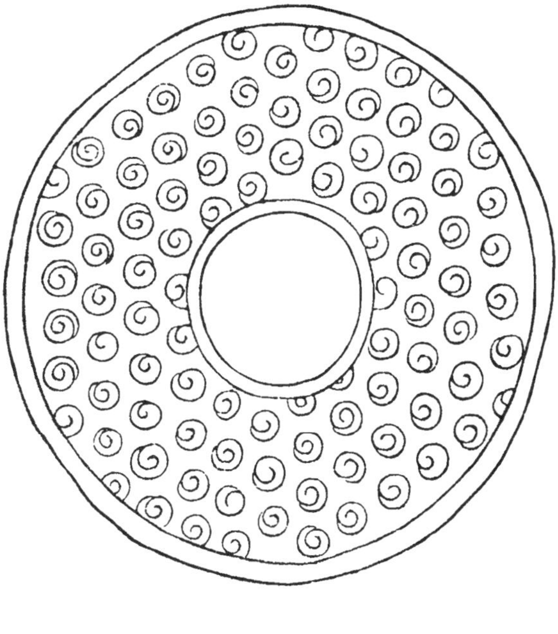

璧

合鎮圭尺五寸兩面無文

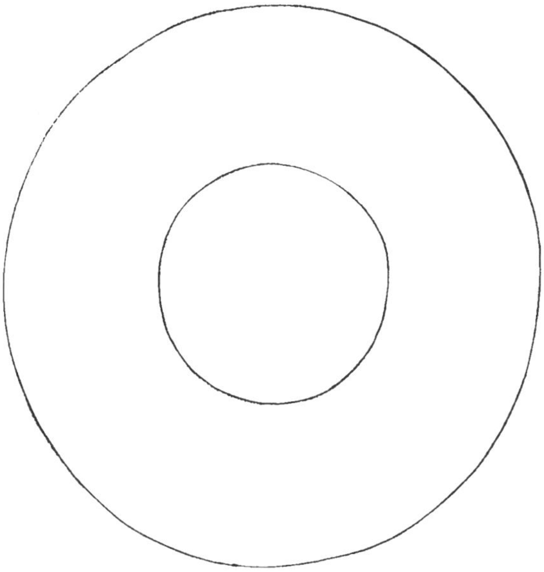

璧

合鎮圭尺五寸兩面無文

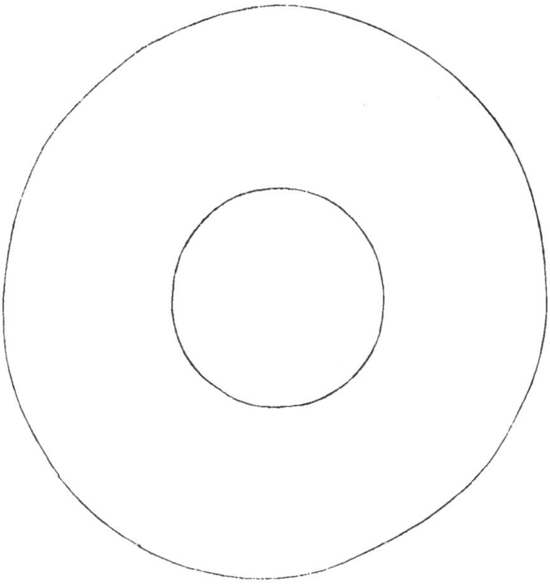

璧

合鎮圭尺五寸白玉滿身璊點

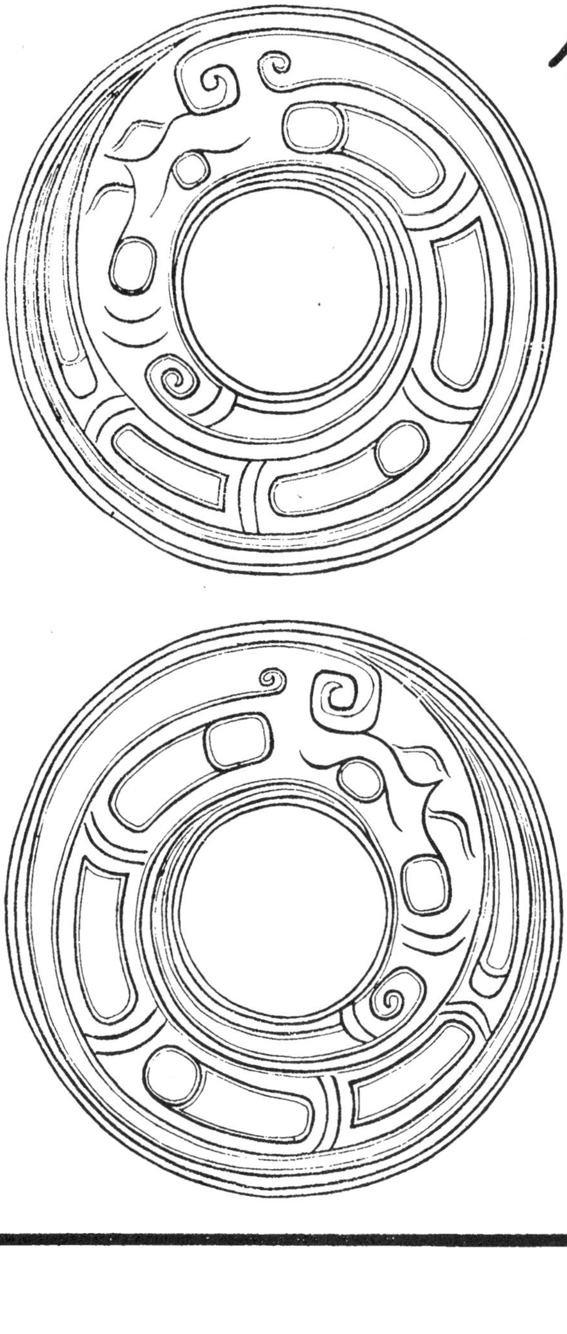

十七

瑗徑合鎮圭尺五寸宣和博古圖有蚩尤環與此相似當亦瑗之類非環也玉色純白有璊斑

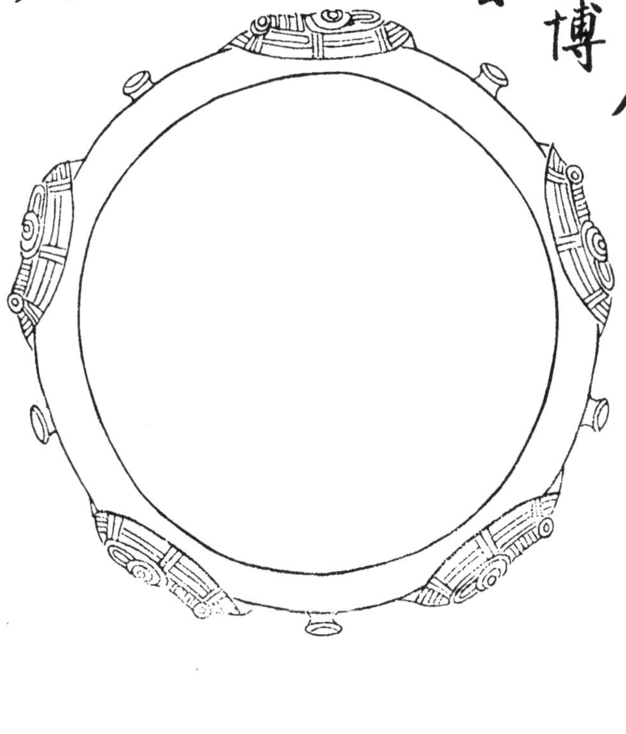

瑗

合鎮圭尺五寸一分半

玉色纯黑

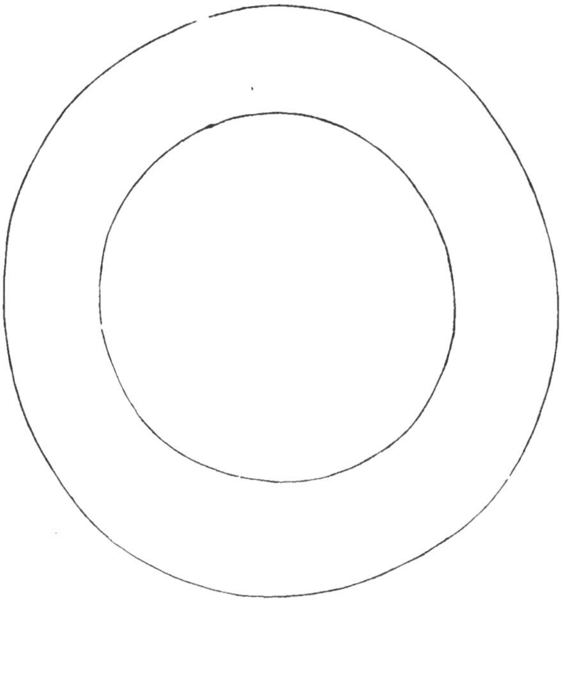

瑗 合鎮圭尺五寸二分

玉色純緑有土斑古之琅玕玉也

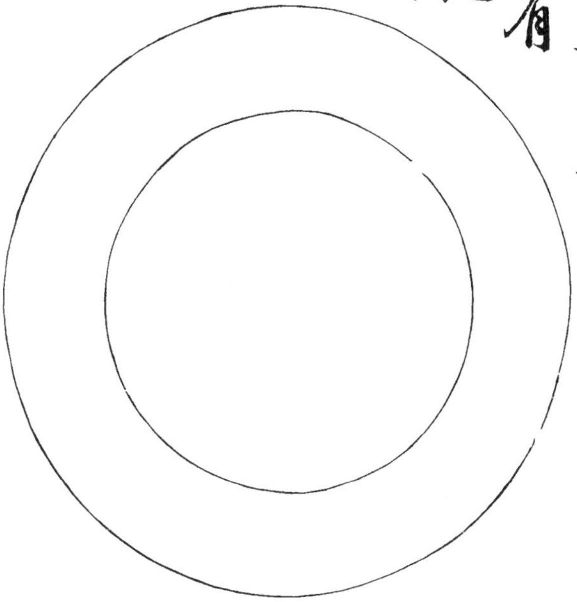

大琮 合鎮圭尺十有二寸玉色純黑

攷工記玉人大琮十有二寸是謂内鎮宗后守之

黃琮

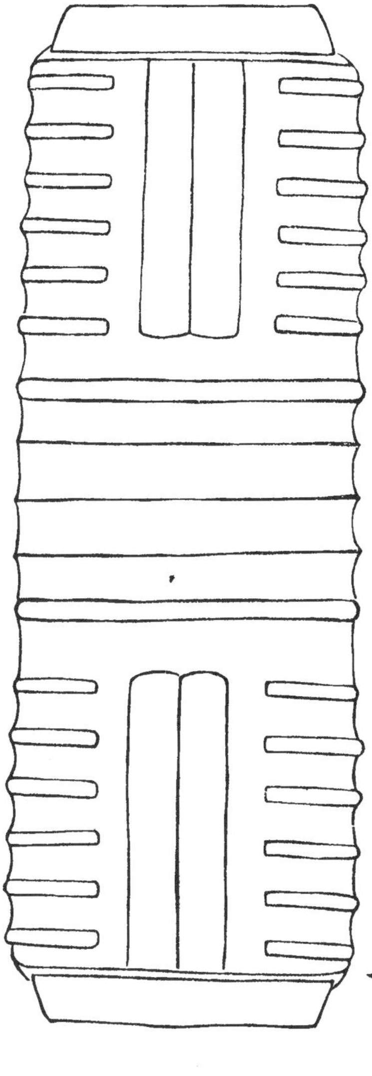

合鎮圭尺九寸玉色純黃滿身璃斑制作古雅當即成周時禮地之黃琮

黄琮

合鎮圭尺四寸黄玉四面皆有璊斑色澤深厚其爲三代器無疑

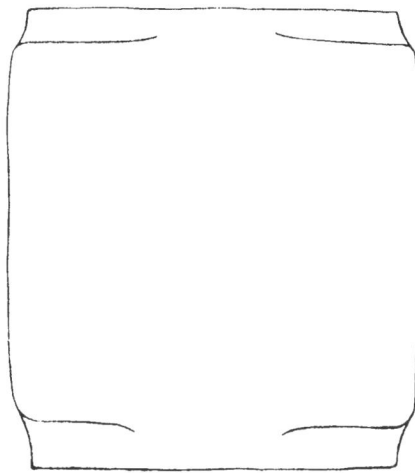

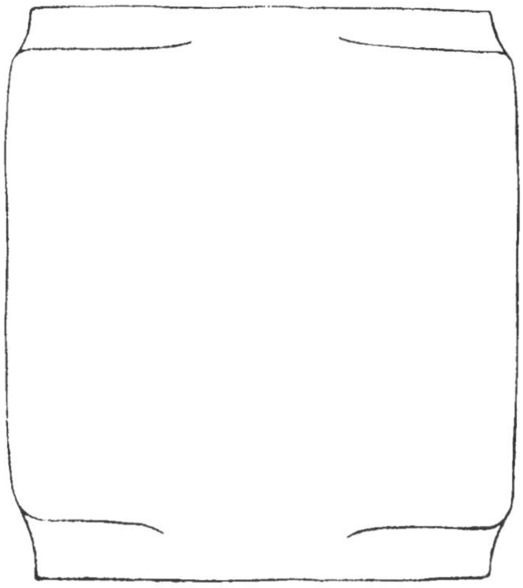

杉徵及壹賞馬攷

古玉瞿

疑是商器玉之最古者

合鎮圭尺十有二寸古兵器無用玉者疑亦舞器其制當在玉戚以前

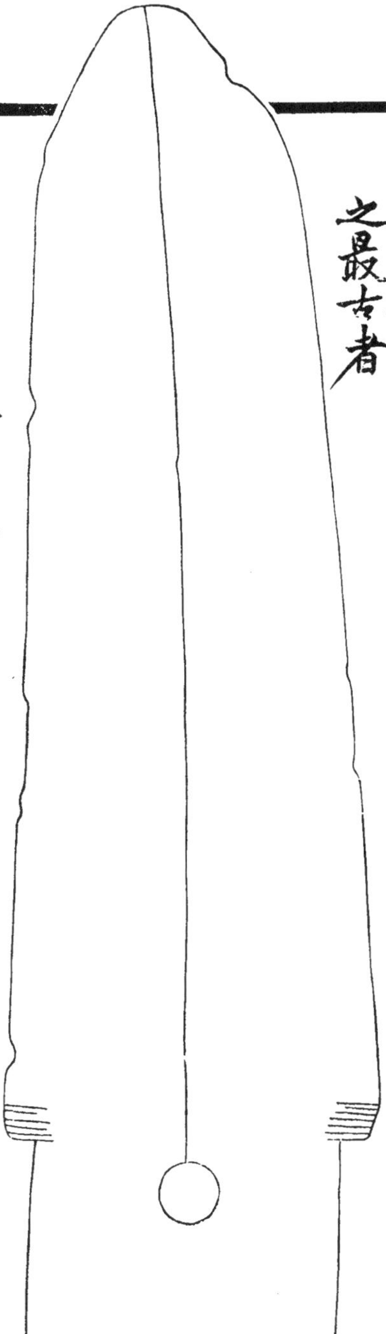

書顧命一人冕執瞿傳戣瞿皆戟屬今世所傳銅古瞿往往兩面皆有目形説文䀠左右視也

周黄鍾律琯尺

是尺九寸合鎮圭尺一尺

大澂所藏古玉與是尺可相證者二十有九器

黄鍾律琯十二寸　搢圭十二寸　青圭十寸　搢圭一尺

瑑圭一尺　牙璋十二寸　瑑璋九寸六分　宏璧十二寸

九寸璧　八寸璧二　七寸璧二　六寸璧二

五寸穀璧三　五寸璧　五寸蒲璧　五寸環　五寸瑗

五寸瓏　大琮十二寸　七寸琮　五寸琮三　三寸琮

周黃鐘玉律琯

與十有二寸之宏璧揖圭駔琮分寸悉合

玉質純白一面有黃暈西安出土器

口徑一寸一分口内徑七分半

黃鐘律琯攷上篇

光緒十有五年歲在己丑十有一月冬至前七日西安友人楊實齋寄余古玉律琯玉質純白一面微帶黃暈似土中所受之色以余所定周摺圭尺度之長十有二寸與蒼玉大璧元玉大琮適相埒豪釐不爽口圍三寸五分口徑一寸一分口內徑七分半以黑黍穀子大小中者實之適容千

有二百知爲黄鐘之律琯尺寸既與周尺相符其爲周制無疑斷非秦漢以後物也按漢書律歷志黄鐘爲天統律長九寸又曰權者銖兩斤鈞石也本起於黄鐘之重一龠容千二百黍重十二銖終於十二辰而復於子黄鐘之象也大澂竊以爲古聖制律以十二辰之數定爲十二律既以天統爲紀則黄鐘之

琯自當以十二寸爲度一寸所容秬黍百顆積千二百黍其長得十有二寸一黍之廣爲一分積百黍之廣爲一尺於理較順於數亦相合也廼律歷志以爲黃鐘之律九寸爲宮而鄭康成注周禮大師六律六同亦云黃鐘長九寸其實一籥即本班氏下生上生之說以定十二律之尺寸攷其師說相沿之誤實始於劉歆班

氏謂王莽秉政徵天下通知鐘律者百餘人使羲和劉歆等典領條奏言之最詳故刪其僞辭取正義著于篇顏師古曰班氏自云作志取劉歆之義也劉歆所定之周尺見之宋王復齋鐘鼎彝器款識晉尺拓本其尺背銘文云周尺漢志劉歆銅尺後漢建武銅尺晉前尺並同劉歆拓本篆文作鎦歆曲阜孔氏所藏慮俿建初尺較劉

歆尺長二分强余所定周搢圭尺較劉歆
尺弱三分半即依劉歆之尺九寸爲管
揔不能容千二百黍律歷志雖言十二
律之周徑而不詳其數孟康注云律孔
徑三分參天之數也圍九分終天之數也又
云林鐘長六寸圍六分又云太族長八寸圍
八分未知其説何所本今以十有二寸之玉
琯圍三寸五分徑一寸一分適可容黍千有

二百豈以九寸之琯圍九分而徑三分能容千二百黍耶是孟康之誤不辨自明而漢書律歷志周禮鄭注始終不言律管圍徑之數則其踈漏可知黃鐘九寸之說沿襲已久非無以定其是非得此玉琯一可證搢圭尺寸之不誣一可證黃鐘實容一龠之數并可證先儒所襲歆說之誤成周遺制越數千百

年不終湮沒於世可寶也夫

黄鐘律琯攷中篇

劉歆爲王莽國師黄鐘九寸之度疑即莽時制作令以莽制攷之得兩證焉漢書食貨志王莽居攝變漢制更造大錢徑寸二分重十二銖文曰大錢五十阮氏積古齋款識晉銅尺下引江慎修永攷定諸家之説漢尺得大泉十枚較晉尺長二寸三分江氏誤以王莽大泉爲徑寸故以十枚爲一尺也又造契刀刀文作絜錯刀其環如大錢身形

如刀長二寸小錢徑六分重一銖文曰小錢直一大布長二寸四分重一兩大澂所藏莽泉莽布制作甚精其大小分寸無甚出入以小泉兩枚一寸二分適合大泉一枚以小泉四枚二寸四分適與大布黃千長相合錯刀栔刀除環計之身長二寸亦與大泉小泉分寸相符此新莽所用之尺可以泉布泉刀證之今以小泉直一十六枚並列應得九

寸六分度以劉歆所定之尺則爲一尺是莽尺長於歆尺四分（近驗拓本往往與原器不符蓋紙潮則贏乾則縮建武尺劉歆尺皆以王復齋拓本爲據故小於建初尺二分餘實則所差無幾也）長於建初尺不及二分世所傳漢尺以建武建初兩銅尺爲準（建武尺即晉尺）皆與莽尺不相上下此一證也余所藏新莽無射銅律管一面刻篆書無射始建國元年字下半字已斷一面刻癸酉朔日制攺漢書莽傳莽以十二月朔癸酉

爲建國元年正月之朔是年字下尚缺正月二字今所存者合莽尺三寸二分强約計斷處不過一寸五六分孔內徑三分弱圍八分强與孟康所說圍徑遞減之數不合周禮鄭注無射長四寸六千五百六十一分寸之六千五百六十四與余所藏無射銅管約略相等此又一證也攷史記律書九九八十一以爲宮黃鍾長八寸十分一是王莽以前本無黃鐘九寸之

說班氏撰律歷志專依莽制而不依司馬公律書之數一朝之制作已有異同鄭氏據此以注周禮仍祖歆說而引伸其義與古樂未必盡合兩京去古未遠而周制多不可攷甚矣求古之難也

黄鐘律琯攷下篇

古玉律琯之見於史書者有四銅律管之見於彝器款識者一說文管下重文琯古

校律尺壹式馬子

者玉琯以玉舜之時西王母來獻其白琯前零陵文學姓奚於伶道舜祠下得笙玉琯夫以玉作音故神人以和鳳皇來儀也漢書注孟康曰尚書大傳西王母來獻白玉琯漢章帝時（大戴盧注作明帝時）零陵文學奚景於泠道舜祠下得白玉琯（無笙字）此玉琯之最古者一也晉書律歷志泰始十年考古器揆校今尺長四分半所校古法有

七品一姑洗玉律二小吕玉律三西京銅望臬四金錯望臬五銅斛六古錢七建武銅尺既曰古器則姑洗小吕兩玉律必係晉時内府所藏之古玉琯是周是漢則不可攷此玉琯之有律名者二也晉書律歷志又云武帝太康元年汲郡盜發六國時魏襄王冢得玉律按太康元年在泰始十年之後六年則汲郡所出之玉律

非即姑洗小吕兩琯隋書律歷志所云梁武帝時猶有汲冢玉律宋蒼梧時鑽爲横吹者當即是器此周玉琯之流傳於世者三也南史齊東昏侯紀江左舊物有古玉律數枚悉裁以鈿笛隋志梁武帝鍾律緯稱主衣從上相承有周時銅尺一枚古玉律八枚檢主衣周尺東昏用爲章信尺不復存玉律一口蕭餘定七枚夾

鐘有昔題刻迺制爲尺以相參驗是玉律八枚即南史所謂江左舊物此齊梁間所存古玉琯四也至新莽銅律管見於薛尚功鐘鼎彝器款識法帖文曰大呂始建國元年正月癸酉朔日制銘藏𣅀無咎學士家案史記律書索隱注古律用竹又用玉漢末以銅爲之是改玉爲銅亦始於王莽大呂律管與余所藏無射斷律管爲

同時所作惜薛氏僅摹其文而不詳其度數耳又後漢書律歷志候氣之法殿中候用玉律十二注引月令章句曰黃鍾之管長九寸徑三分圍九分竊謂漢尺雖有大小而九寸之管圍僅九分斷無能容千二百黍之理隋志所紀律管容黍之數亦依徑三分長九寸之度故晉前尺黃鍾容黍僅八百八粒漢官尺黃鍾容黍僅

九百三十九九而劉歆尺與晉前尺同可知歆說黃鍾之律實與古制不合隋書已實驗得之矣今所得之玉琯必非劉歆以後之制作其与零陵文學奚景所得之琯長短分寸如何圍徑如何則不可攷耳阮文達公積古齋款識建初銅尺下引漁洋山人居易錄云漢章帝時泠道舜祠下得玉律以爲尺与周尺同因鑄爲銅尺頌

權衡度量實驗攷

郡國謂之漢尺其說有無塙據亦未可知

姑存之以俟攷

搢圭

合黃鐘律琯尺十有二寸背有二孔可繫以繩橫佩於腰間者

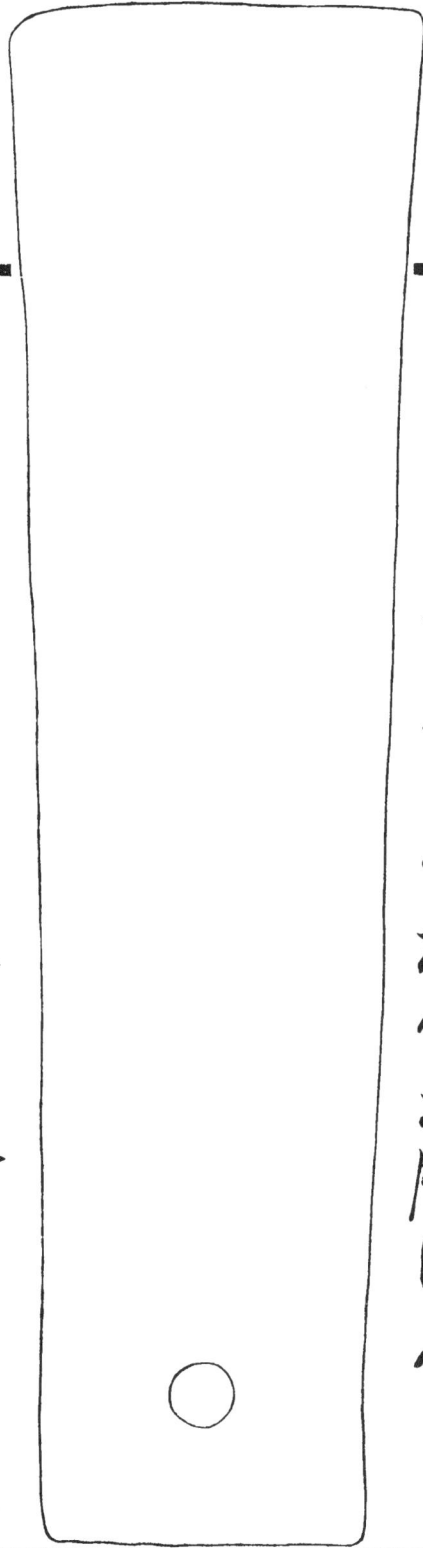

玉質青黑相間係入土所受之色

杉得尺壹寸馬可

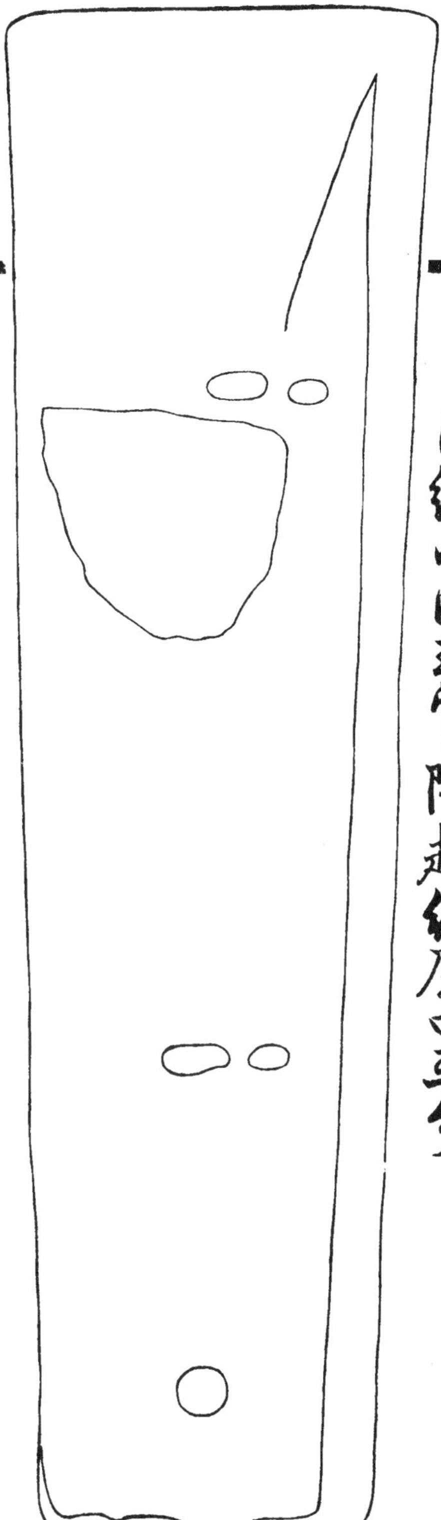

自綫以內玉質隆起約厚四五分

玉有殘缺處似係出土時為鋤劈損正面不缺

青圭

合黃鐘律琯尺十有二寸

權衡度量實驗攷

三十三

搢圭

合黃鍾律琯尺一尺水蒼玉

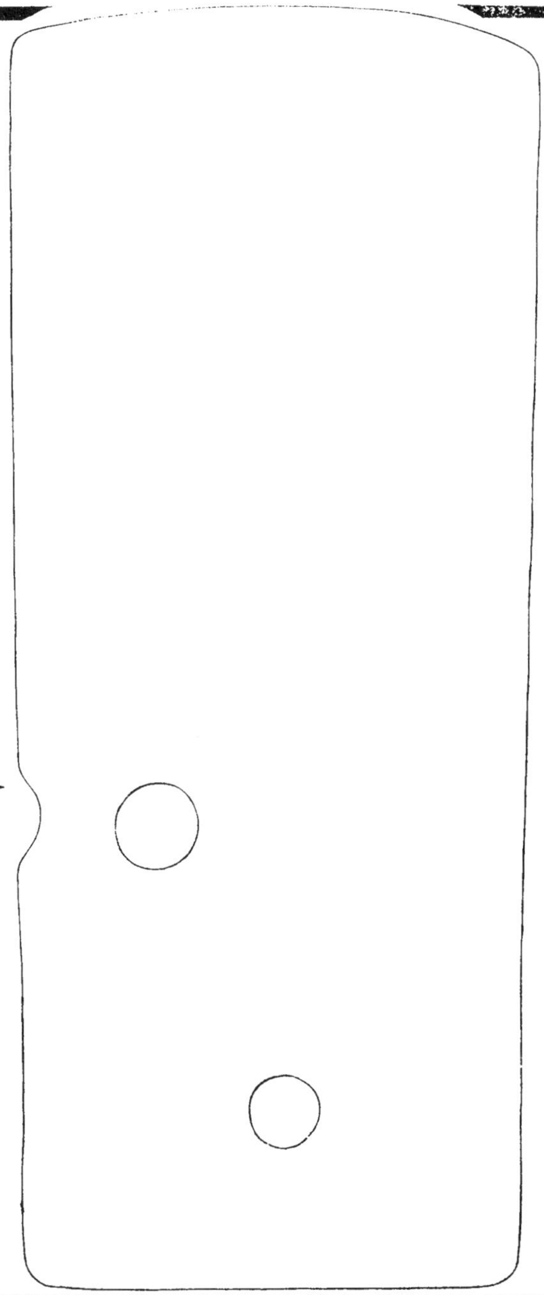

旁有一孔當点搢珽之類

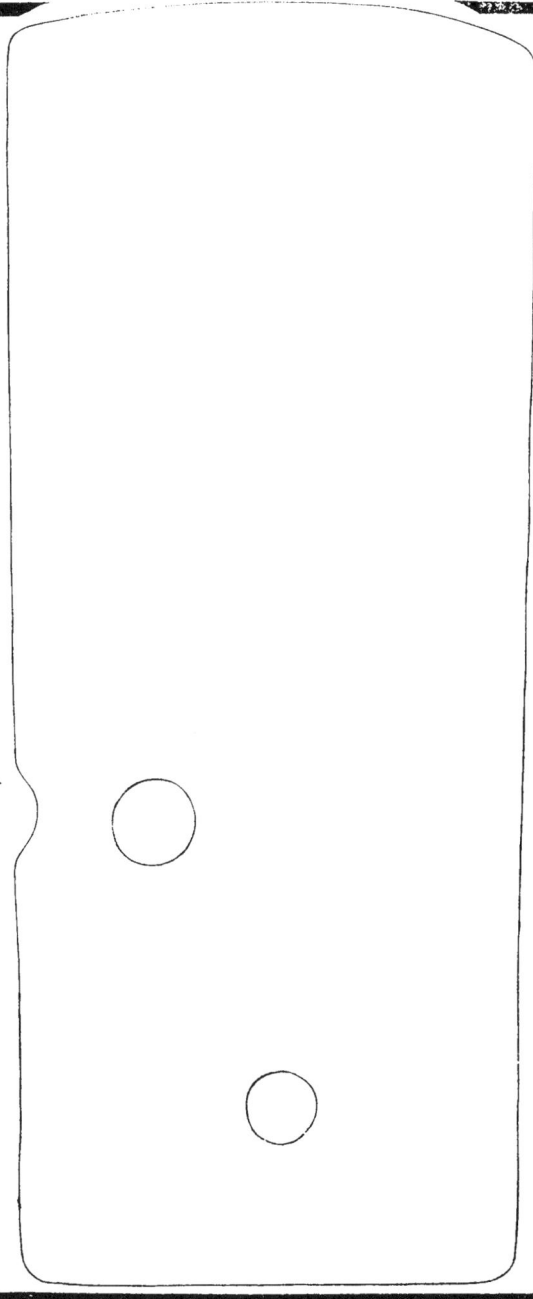

瑑圭

合黃鍾律琯尺一尺强不青玉潤澤制作甚精

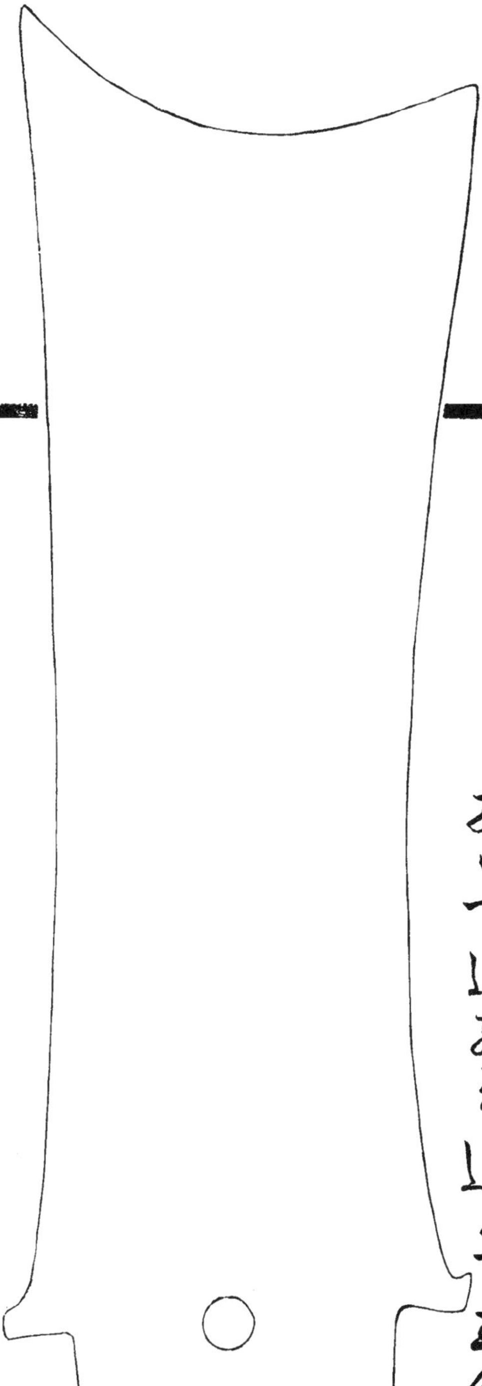

牙璋

中長黃鍾律琯尺十有二寸强一分

自孔以下連孔至邊三寸玉色純黑

牙璋以起軍旅故與琰圭有鋒芒者相似周禮玉人牙璋中璋鄭注二璋有鉏牙之飾於琰側

瑑璋

合黄鍾律琯尺九寸六分瑑文第一綫以下適合九寸自孔以下三寸知瑑文及孔皆有制度也

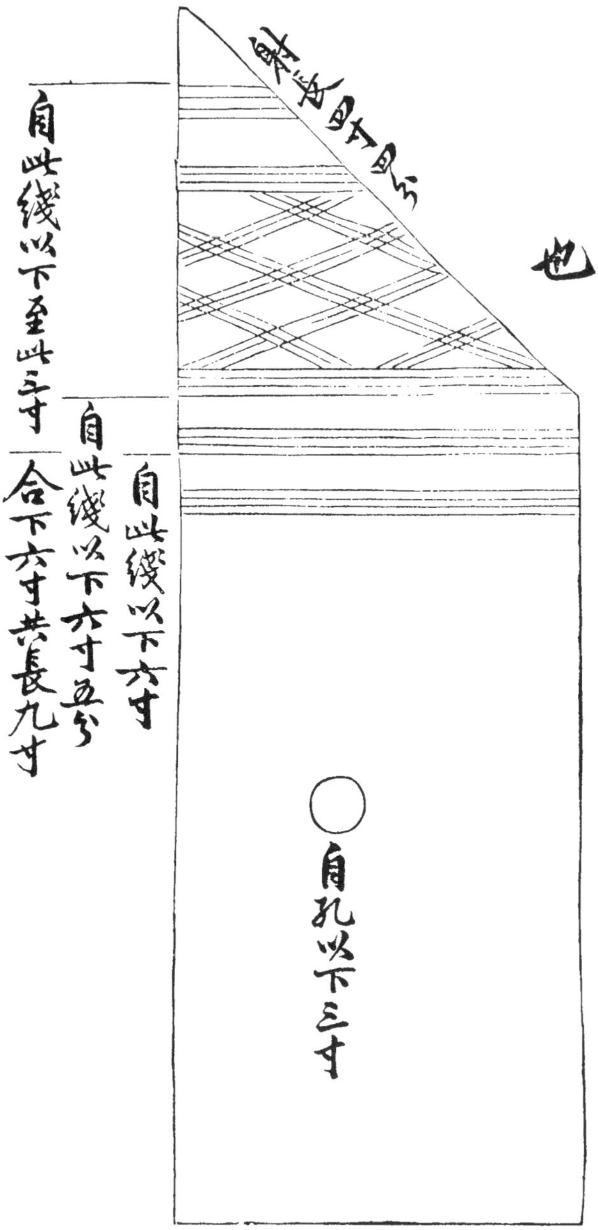
射長四寸四分
自此綫以下至此三寸
自此綫以下六寸五分
自此綫以下六寸
合下六寸共長九寸
自孔以下三寸

權衡度量實驗攷

宏璧

合黃鐘律琯尺十有二寸

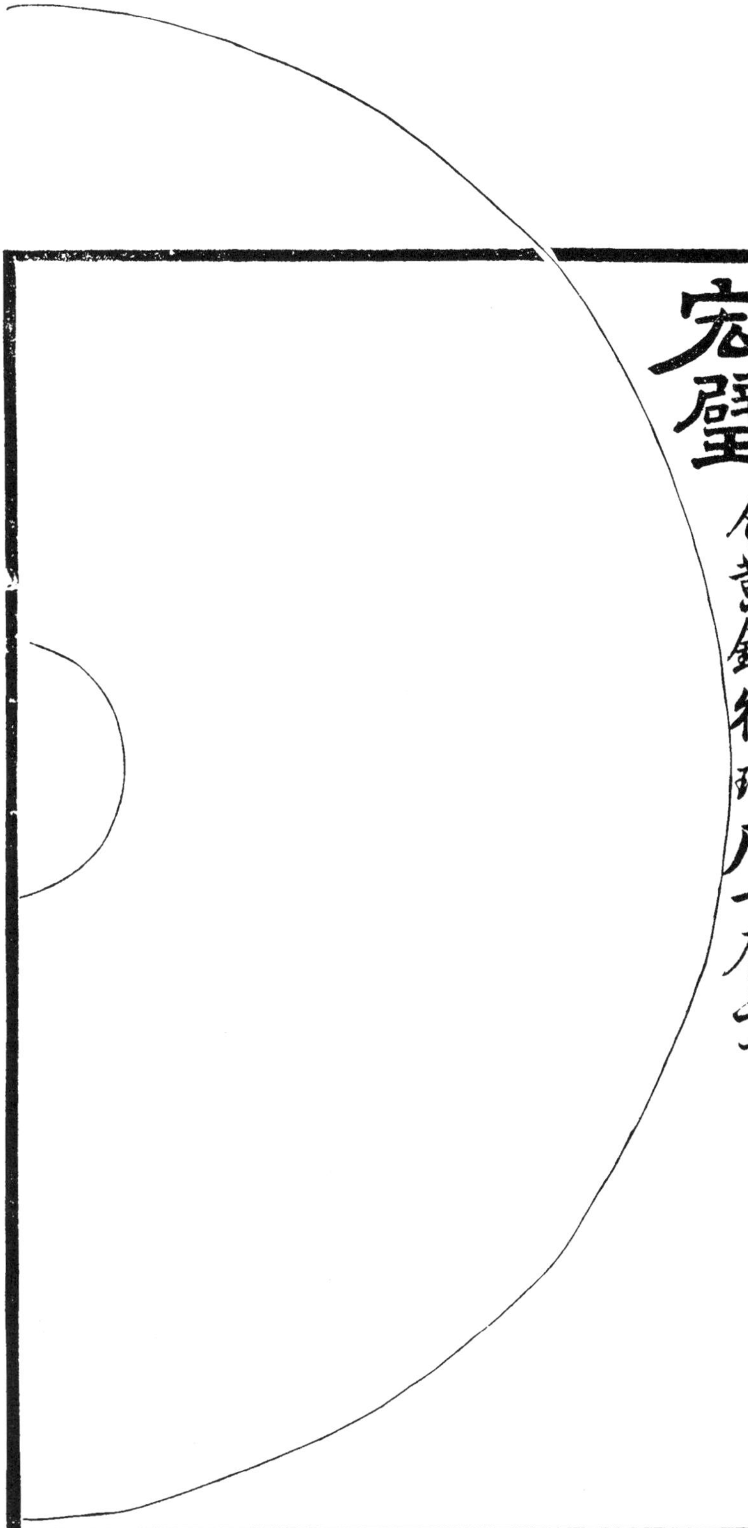

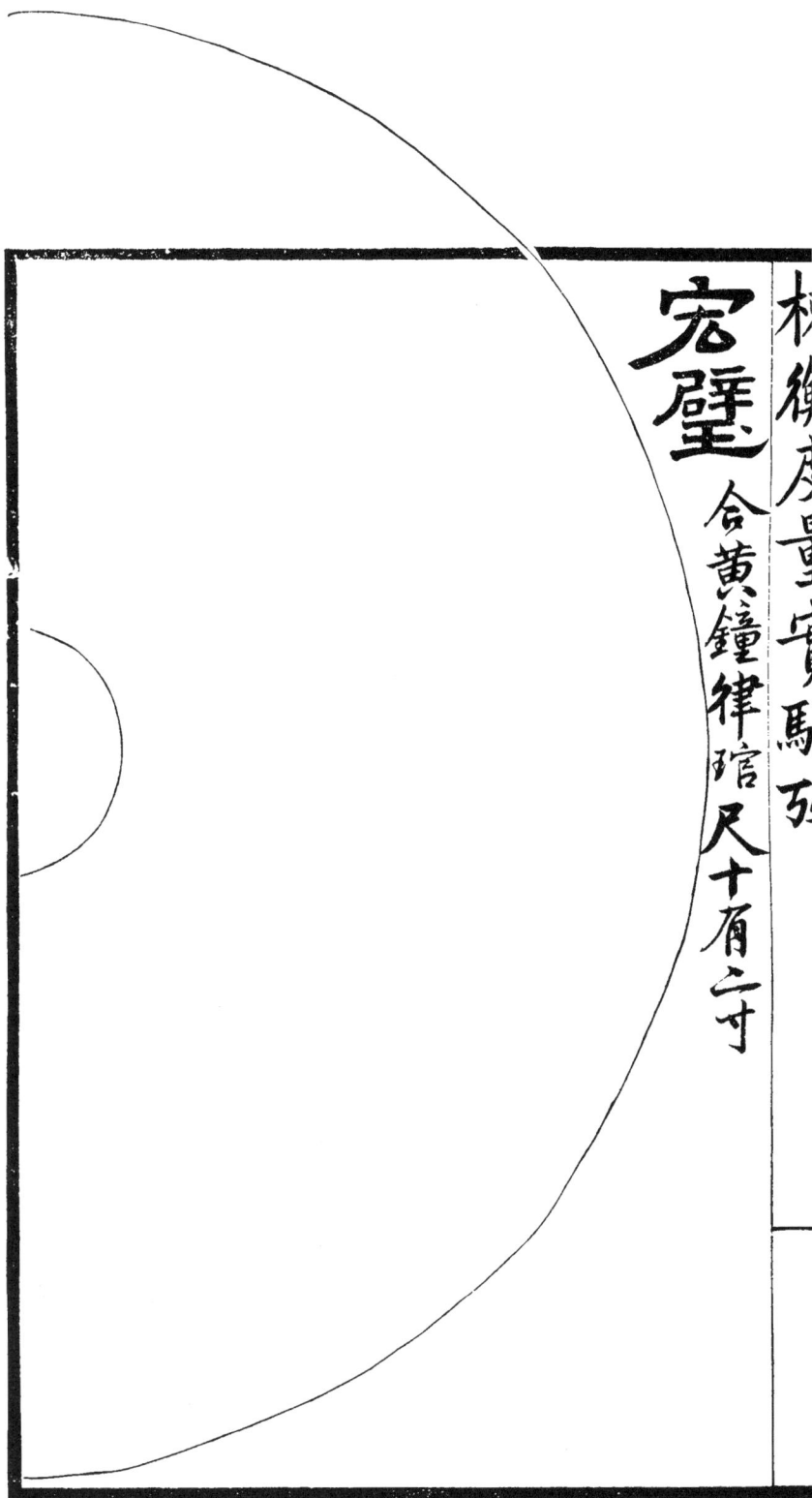

權衡度量實驗攷

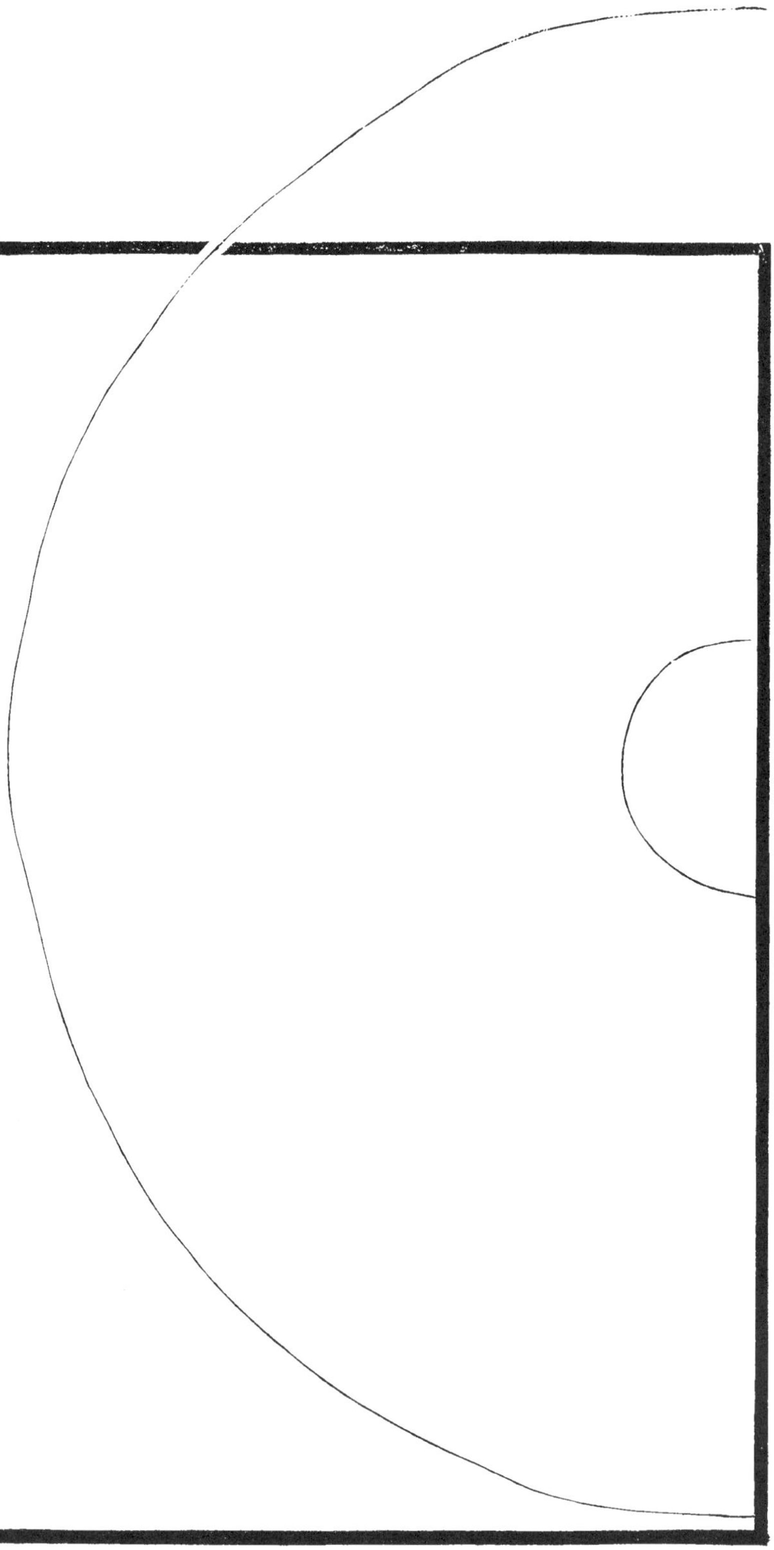

三十五

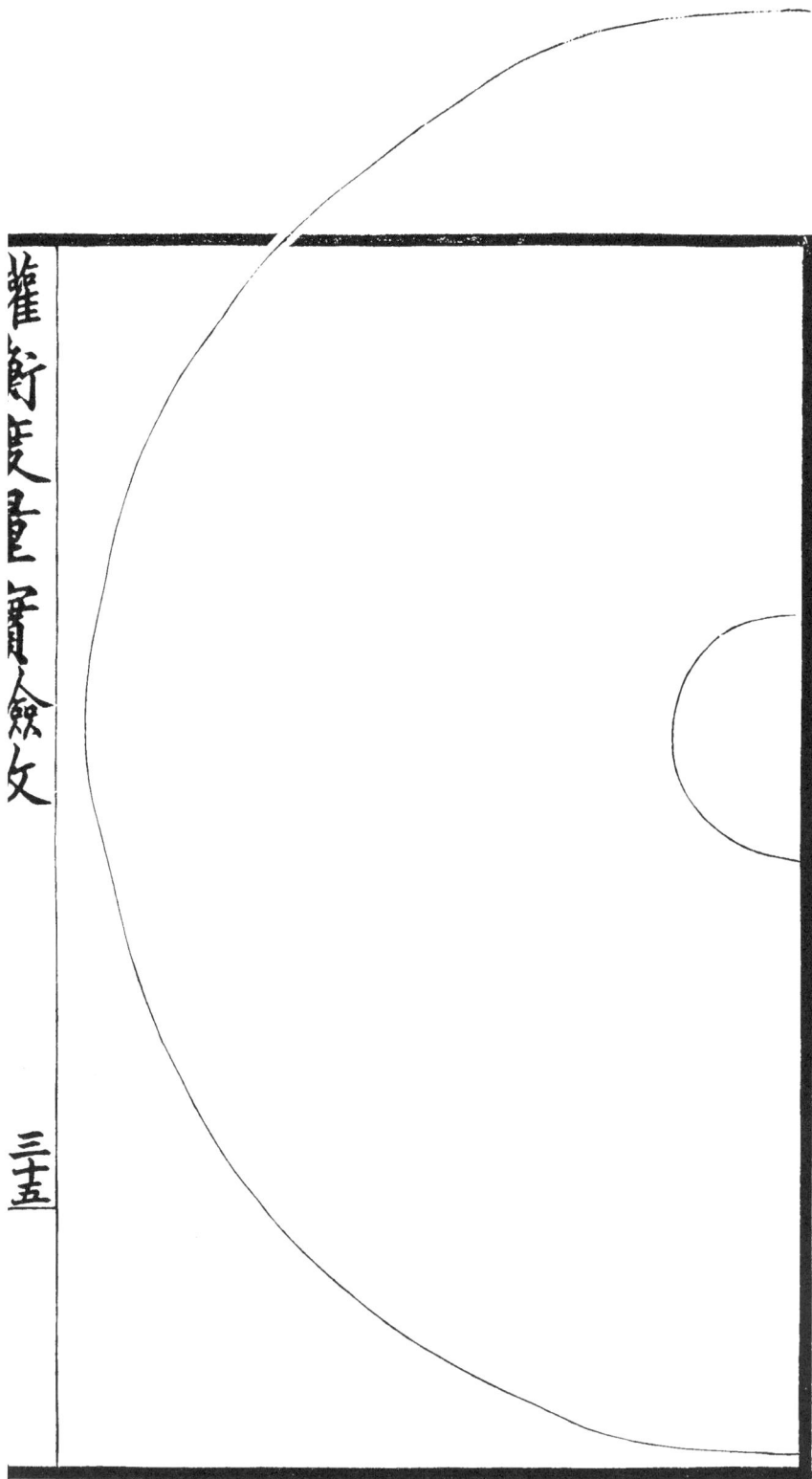

校[illegible]尺量守[illegible]馬[illegible]

蒼璧

合黄鐘律琯尺九寸弱一分當邱

禮天之蒼璧與

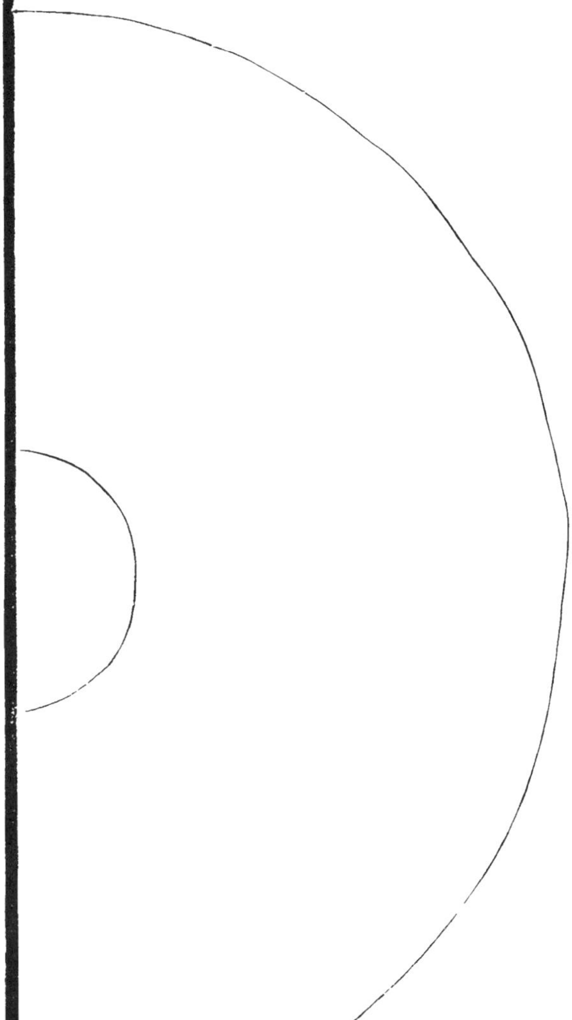

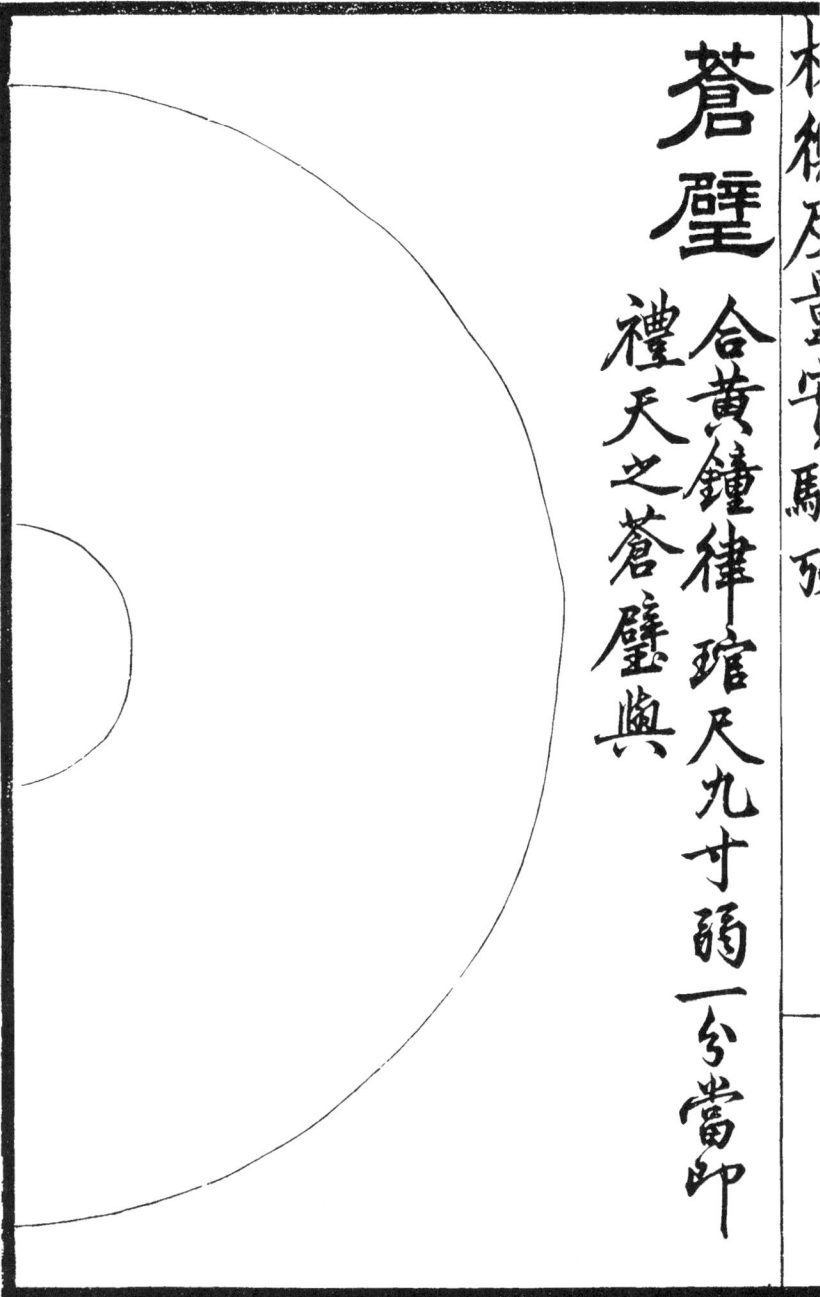

權衡度量實驗攷

三十六

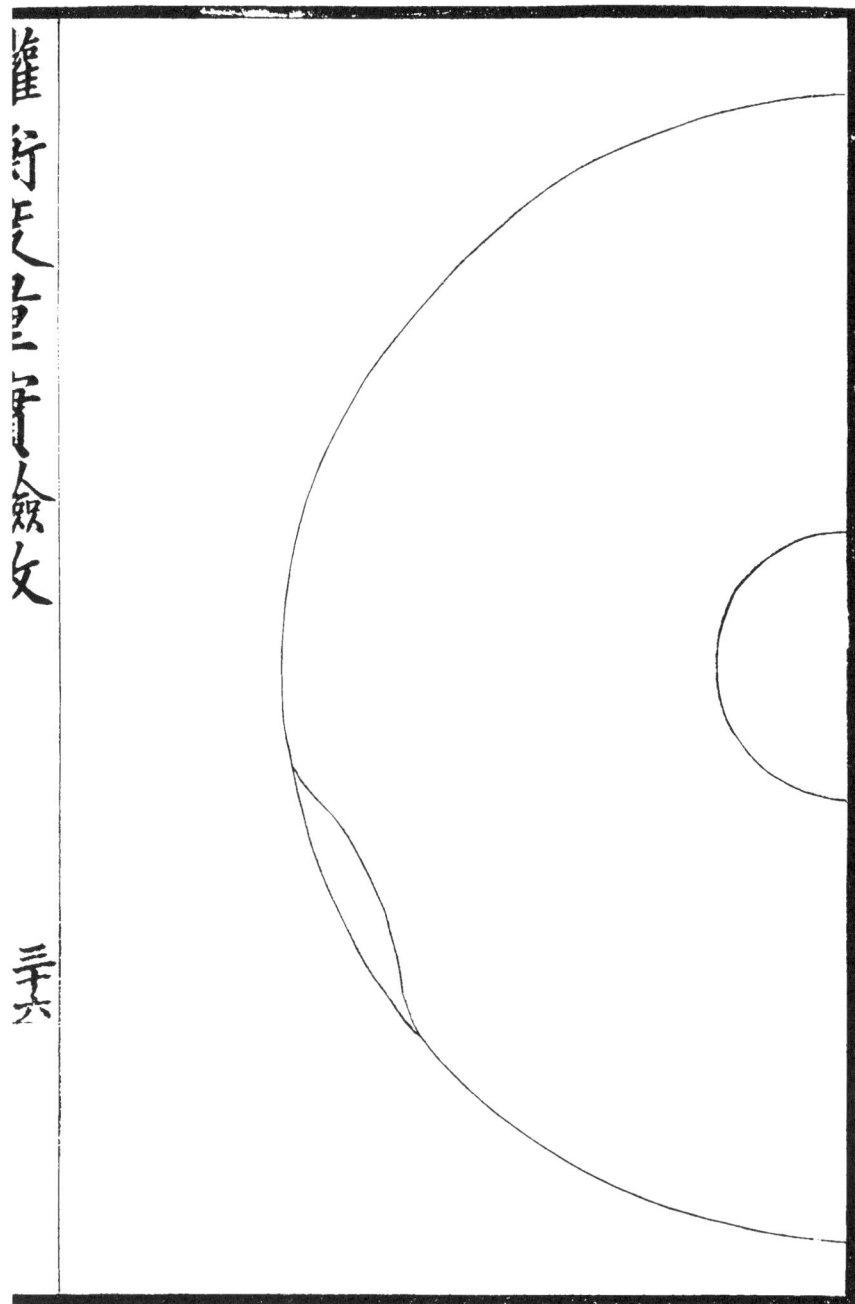

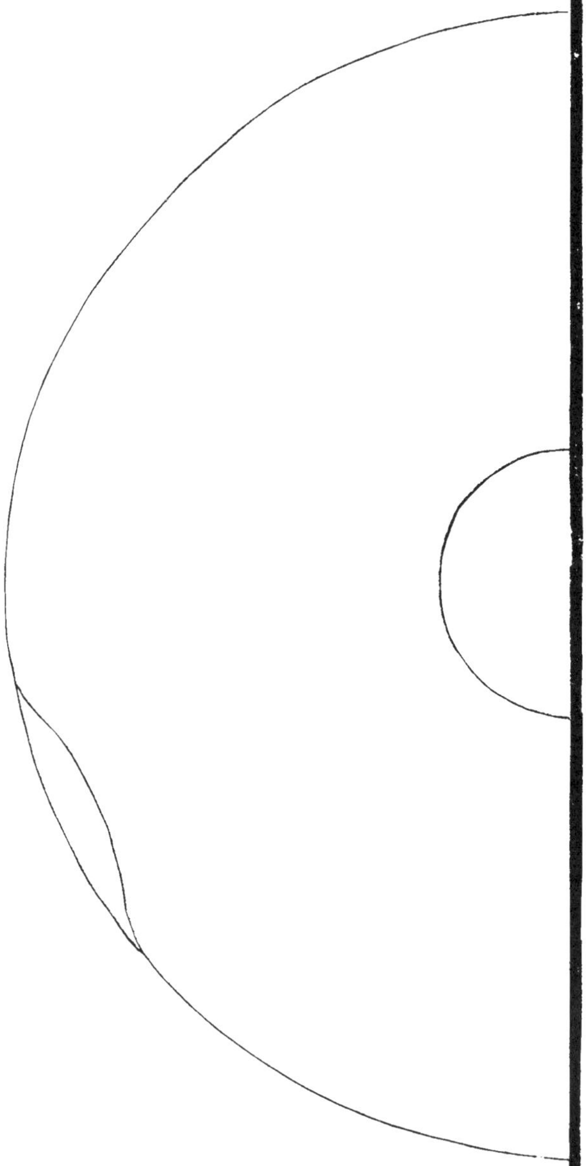

蒼璧 合黄鐘律琯尺八寸弱半分

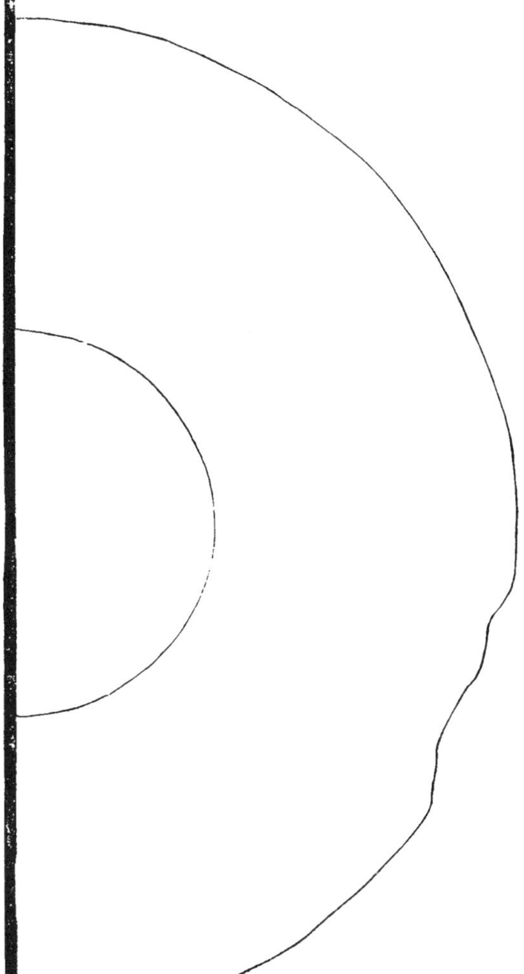

權衡度量實驗攷

三十七

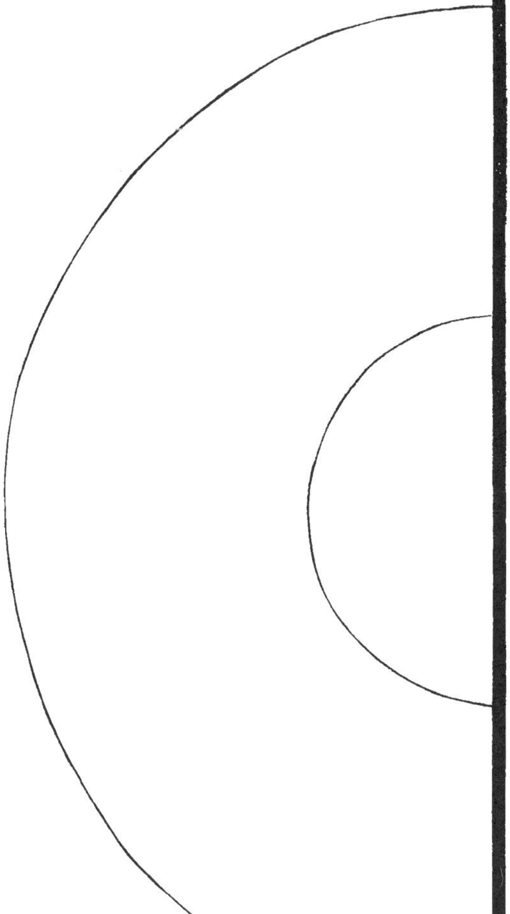

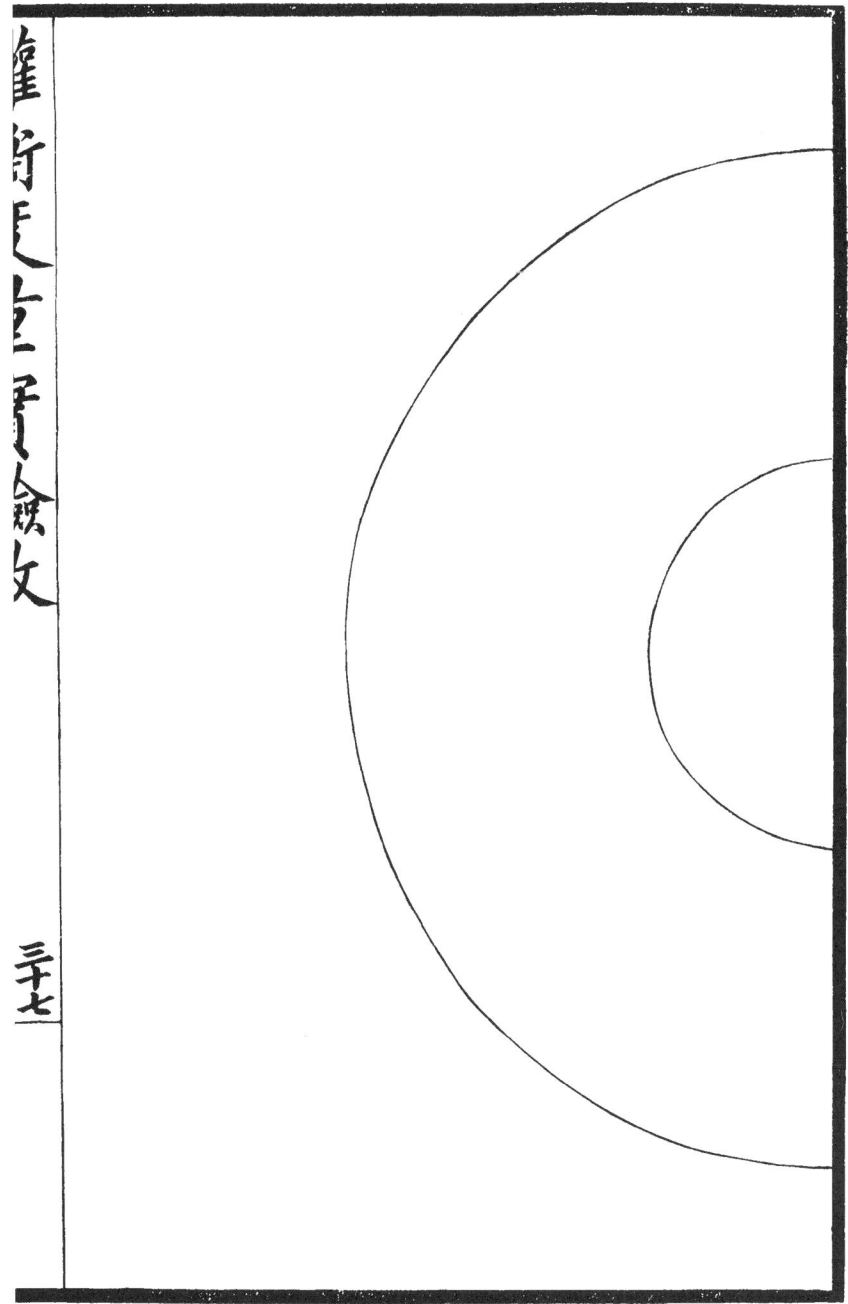

璧

合黃鐘律琯尺八寸兩面同文玉色纯青有璊斑

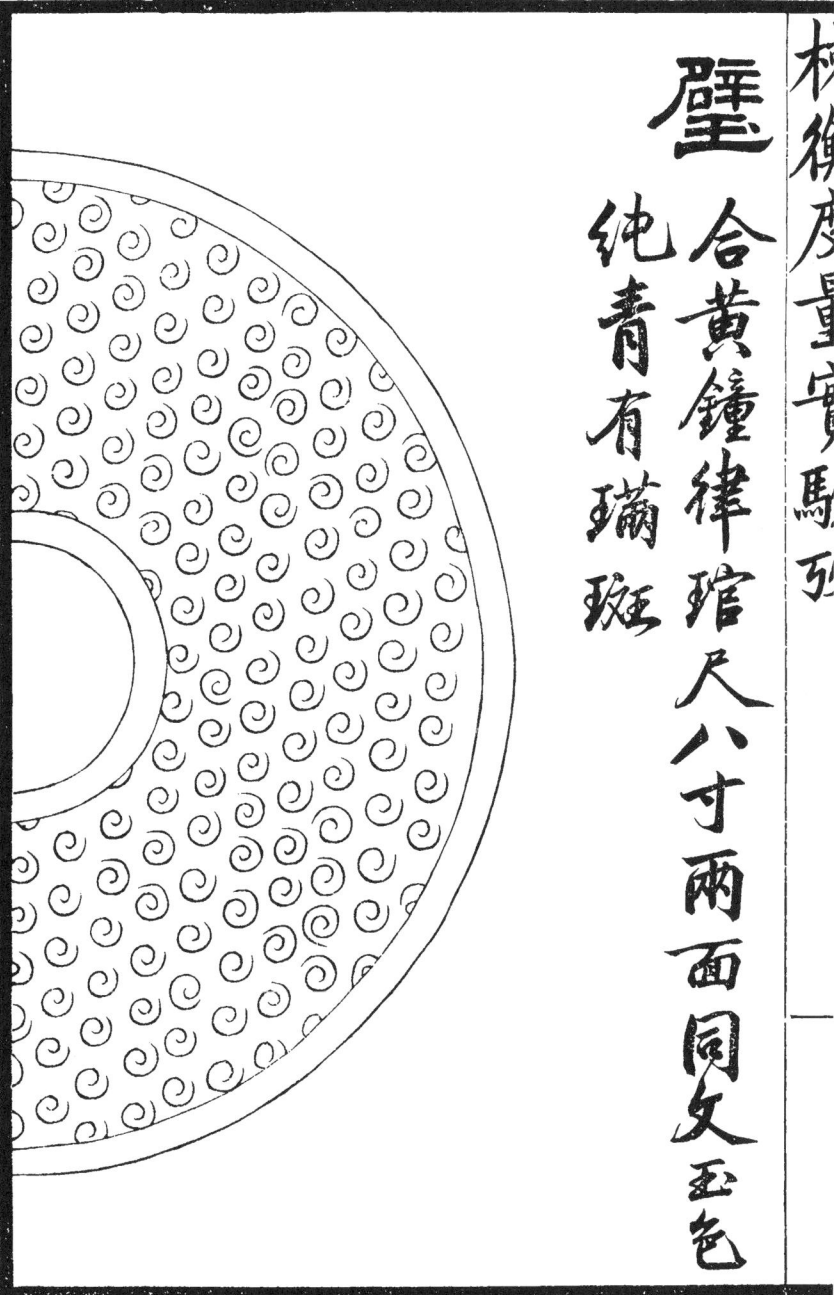

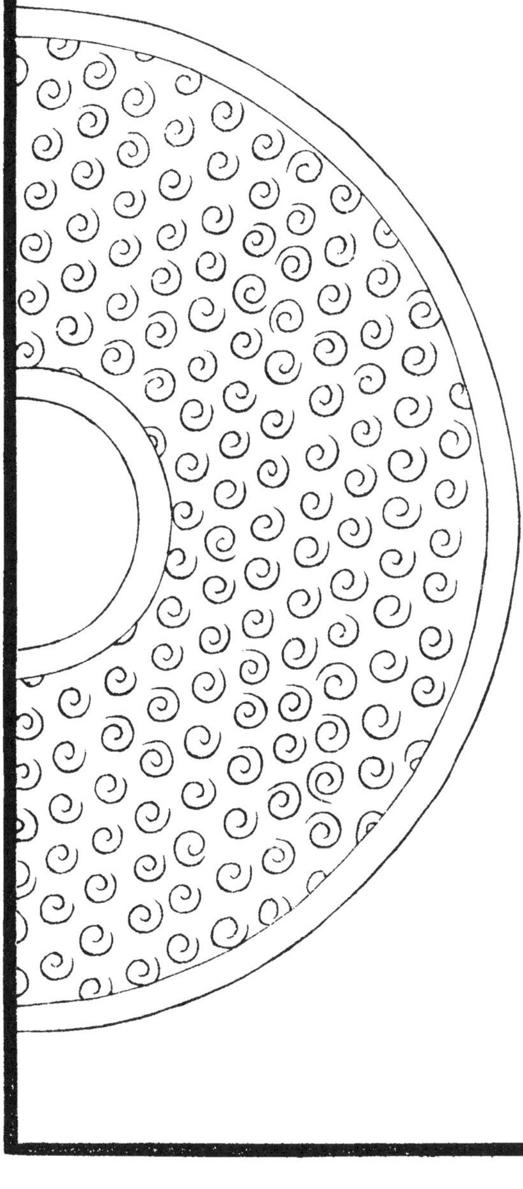

權衡度量實驗攷　三十八

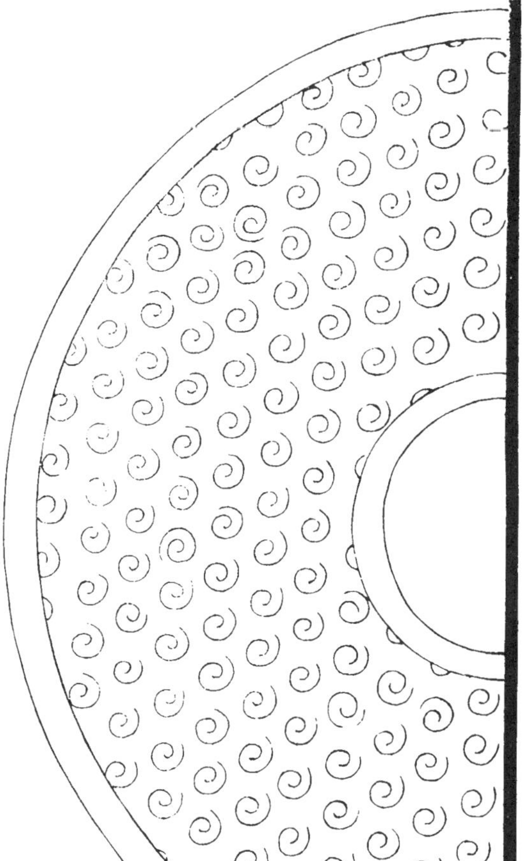

校衡度量實馬頭

蒼璧合黃鐘律琯尺七寸

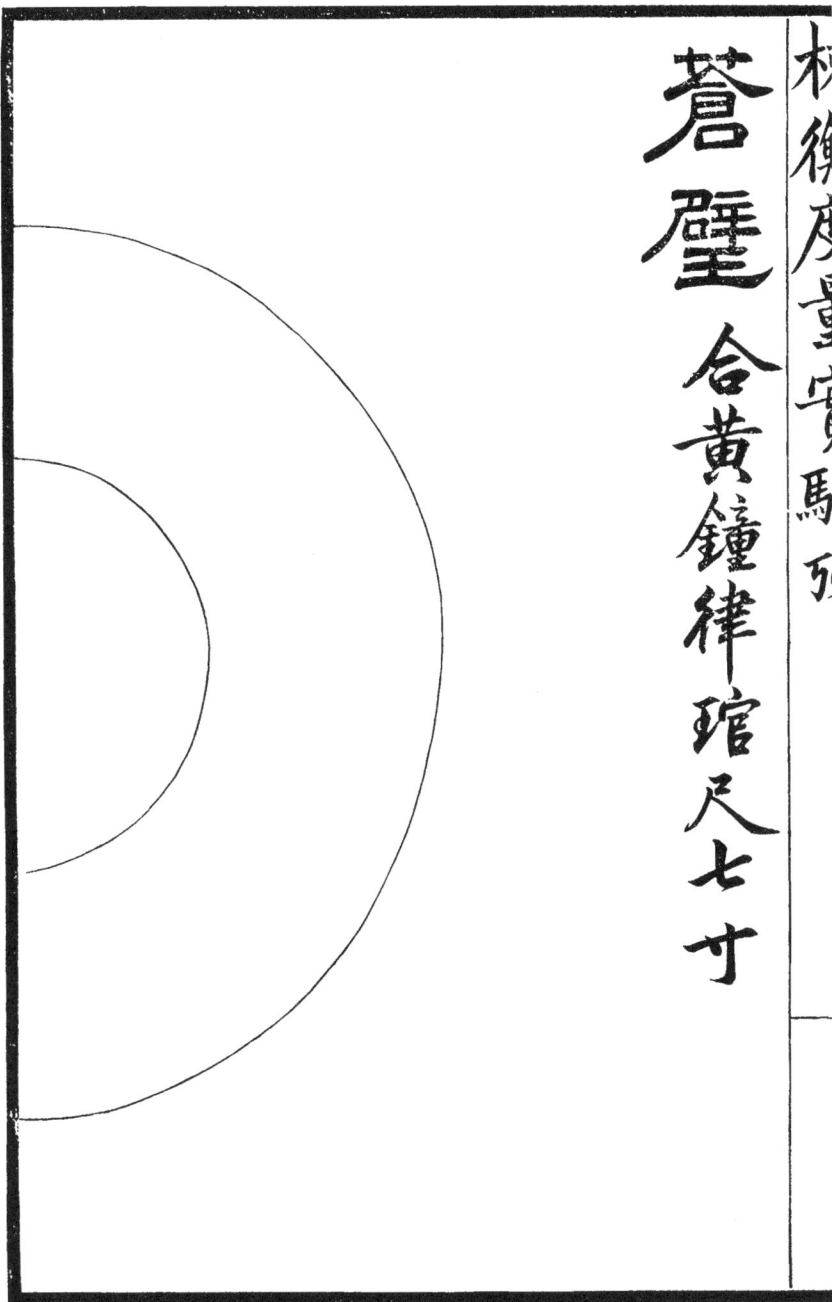

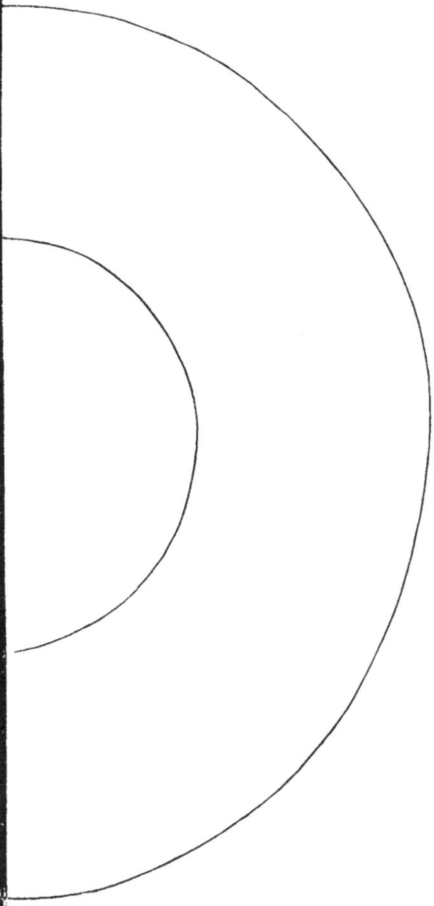

權衡度量實驗攷

三十九

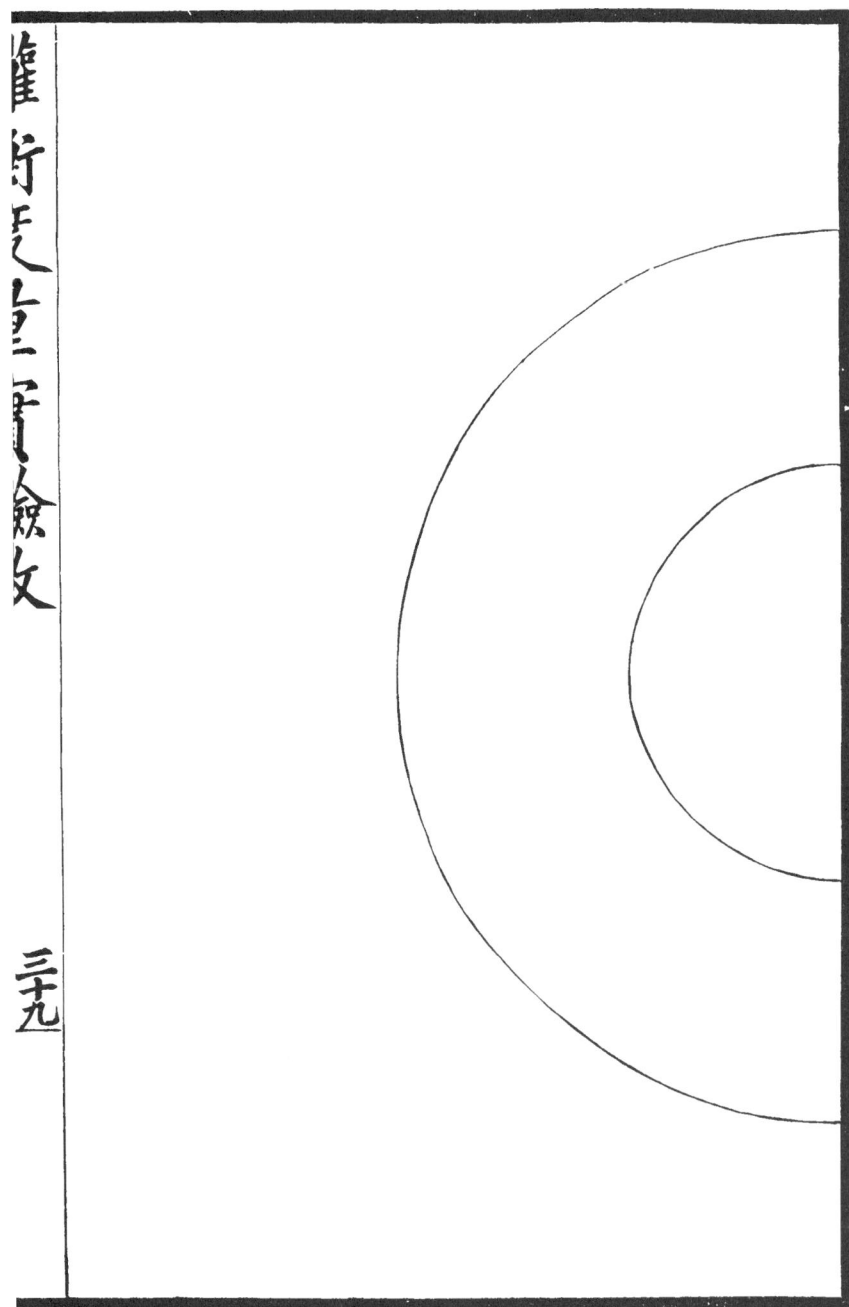

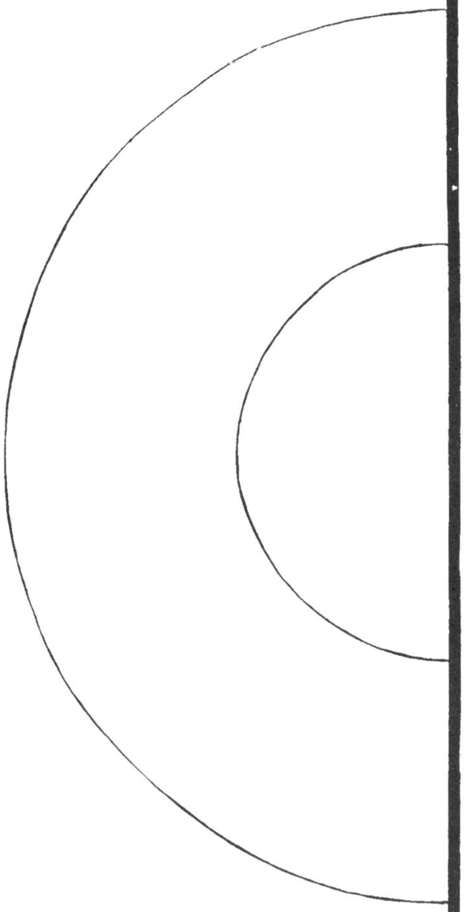

璧

合黄鐘律琯尺七寸弱一分兩面同

文玉色深黄滿身璊斑

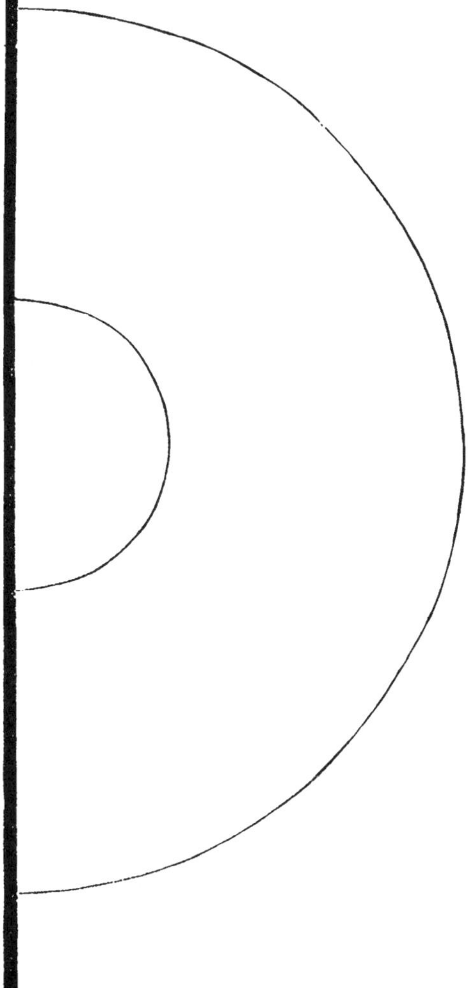

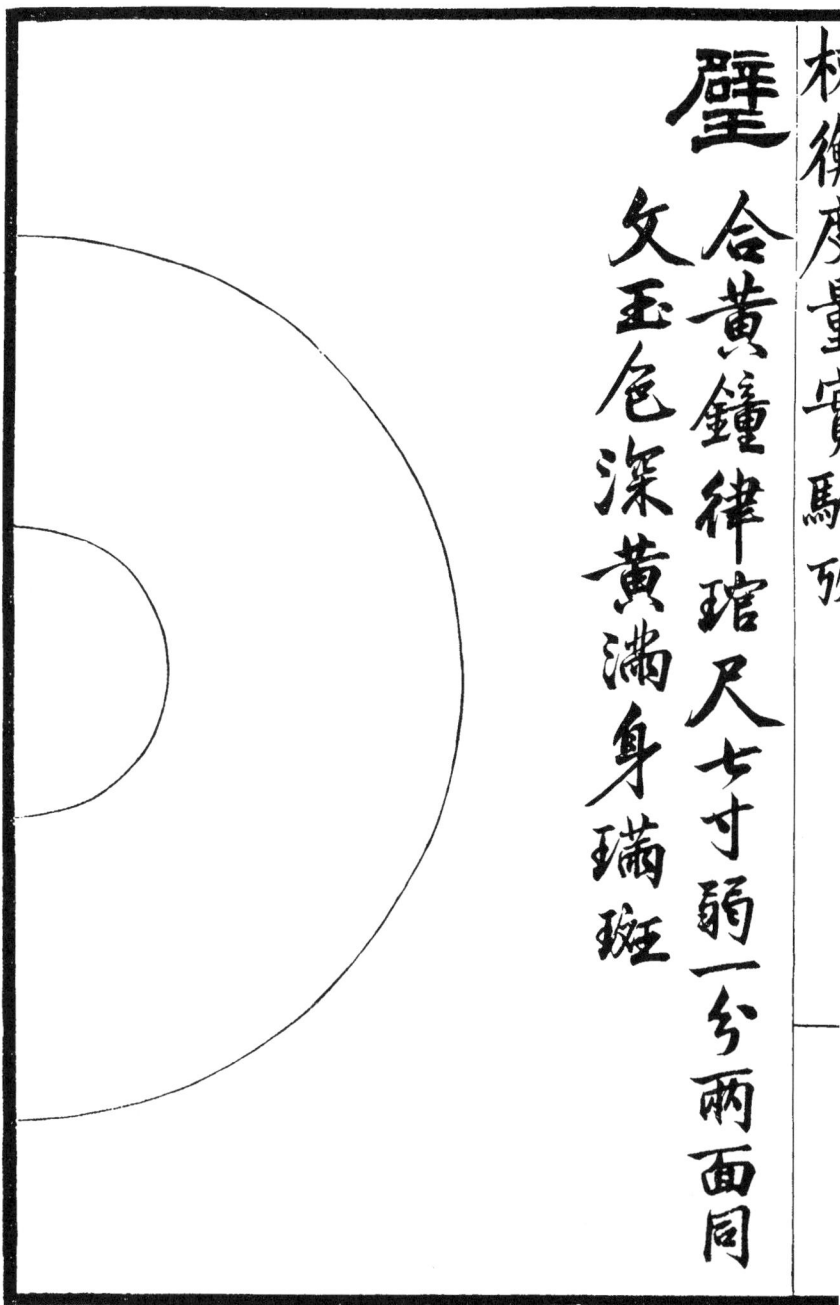

權衡度量實驗攷

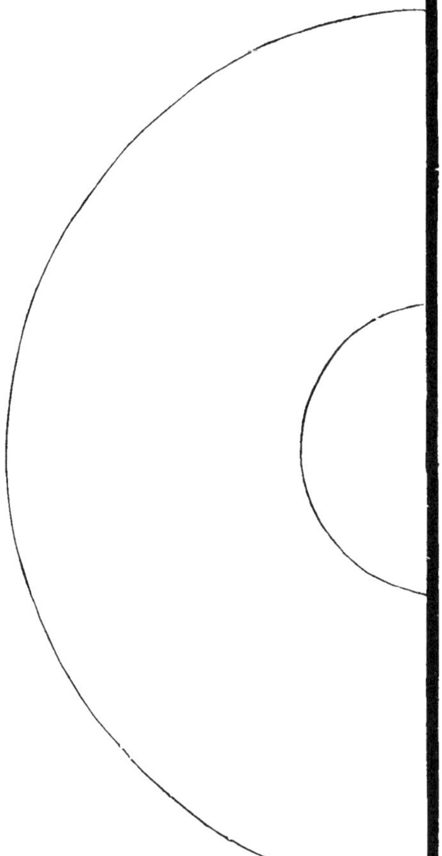

四十

蒼璧

合黃鐘律琯尺六寸

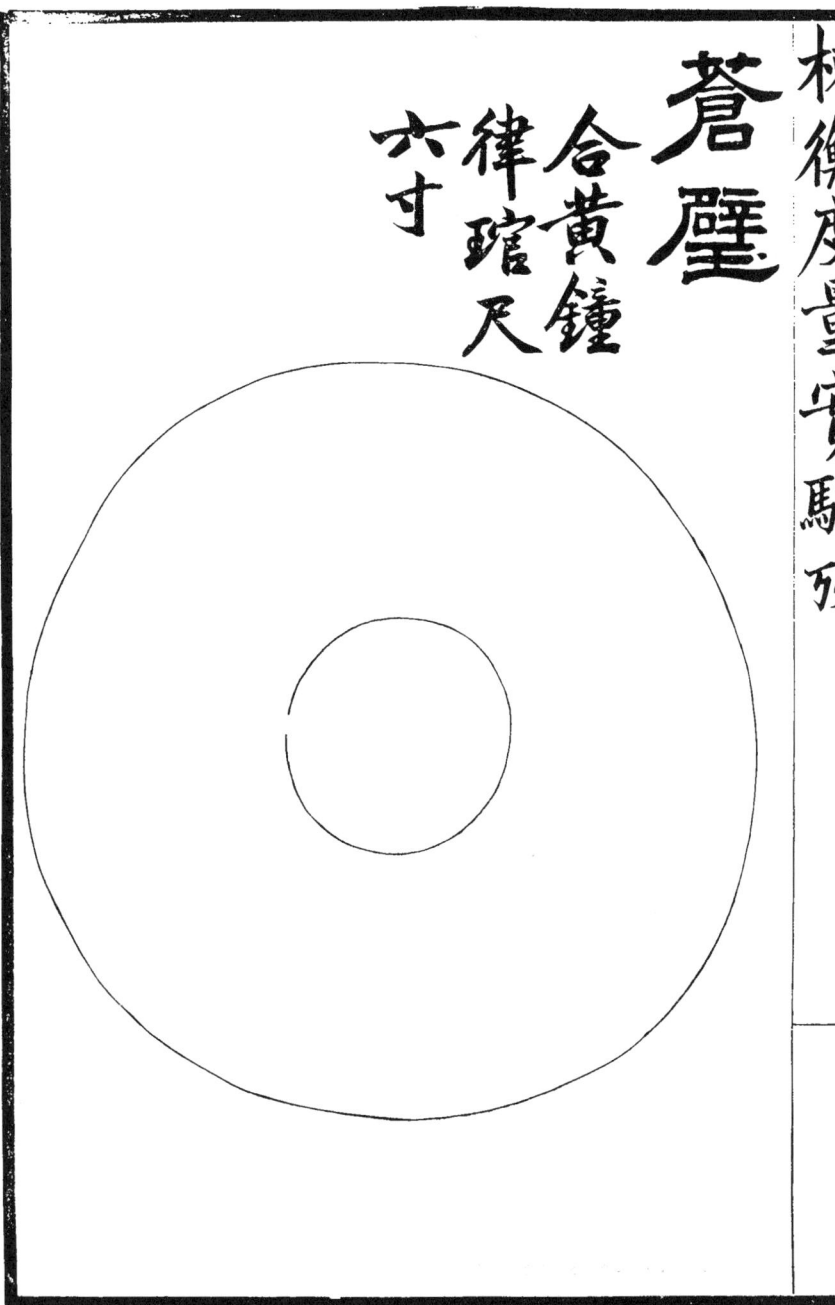

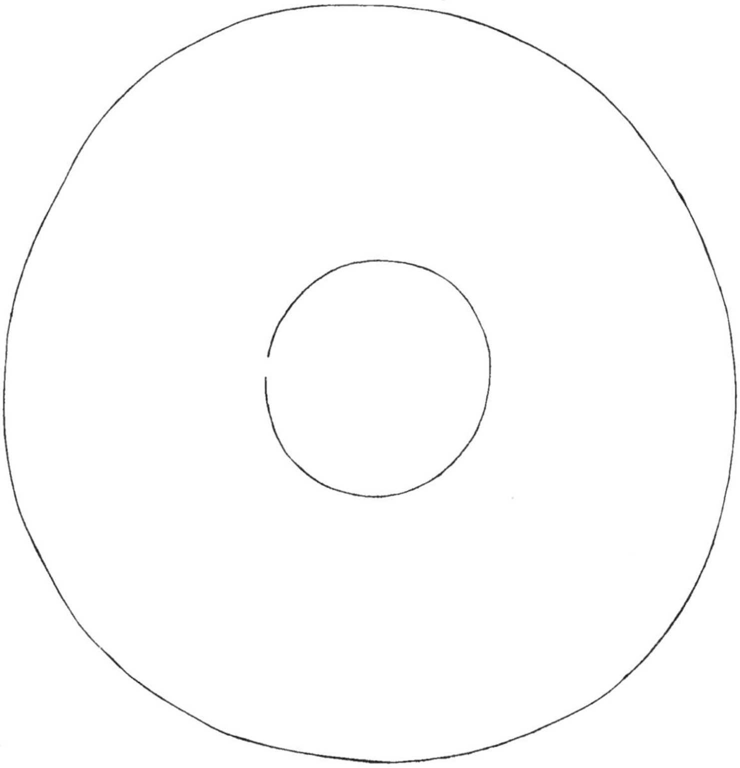

權衡度量實驗攷

璧

合黃鍾律琯尺六寸一面席文一面雲龍文山元玉

四十

杉復居吉金馬鈬

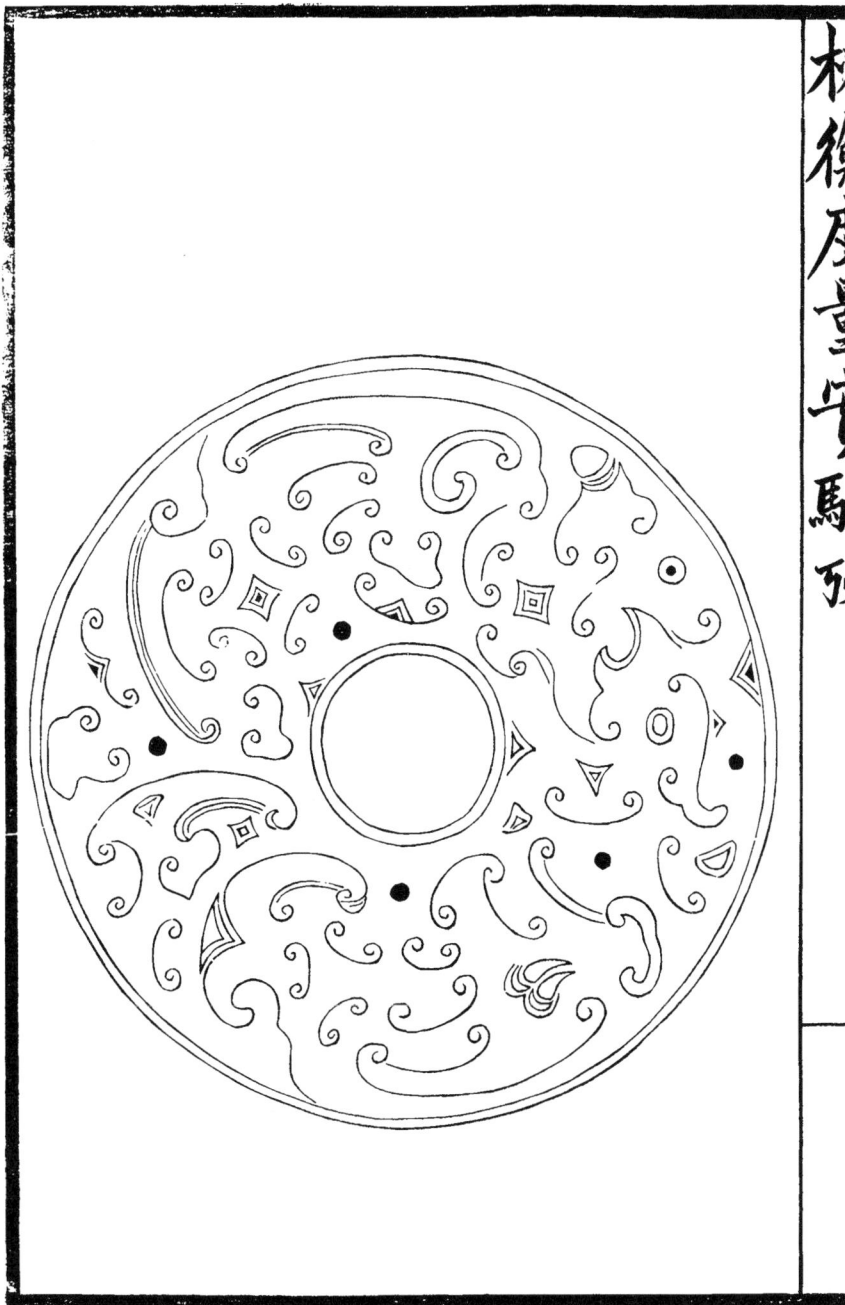

穀璧

中璧合黃鍾律琯尺五寸外作文龍形兩面文同

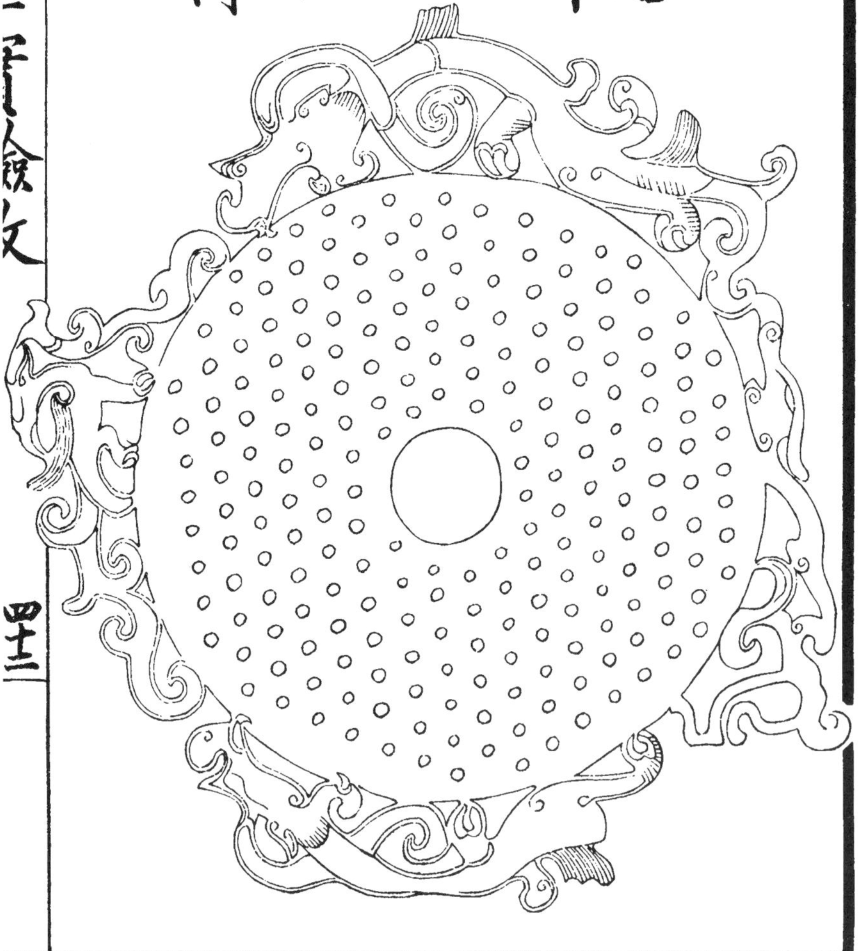

穀璧

合黃鍾律琯尺五寸背文刻三螭形白玉有水繡瑞斑

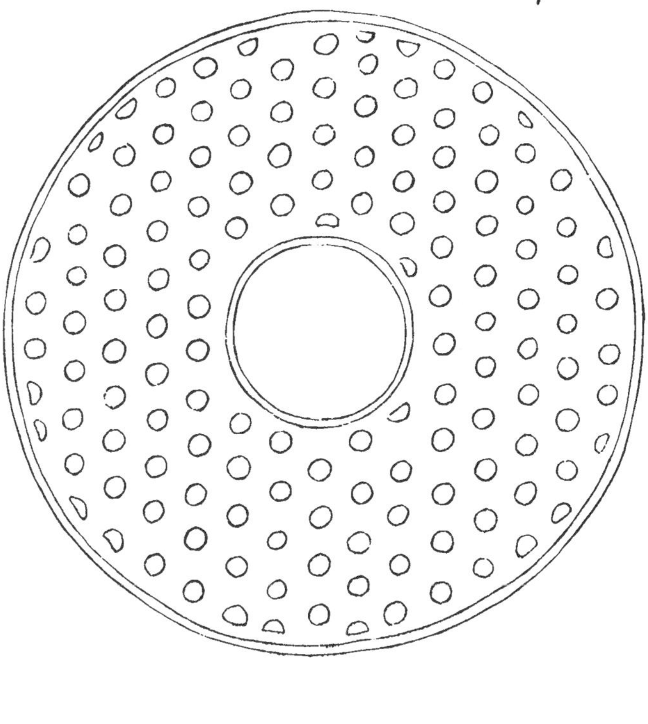

璧厚四分
三螭隆起
高處亦
厚四分
共厚八分

穀璧 玉裂為二余膠合之 兩面文同

合黃鍾律琯尺五寸強半分白玉滿身璊斑出土時帶銅繡在古鼎彝中取出也

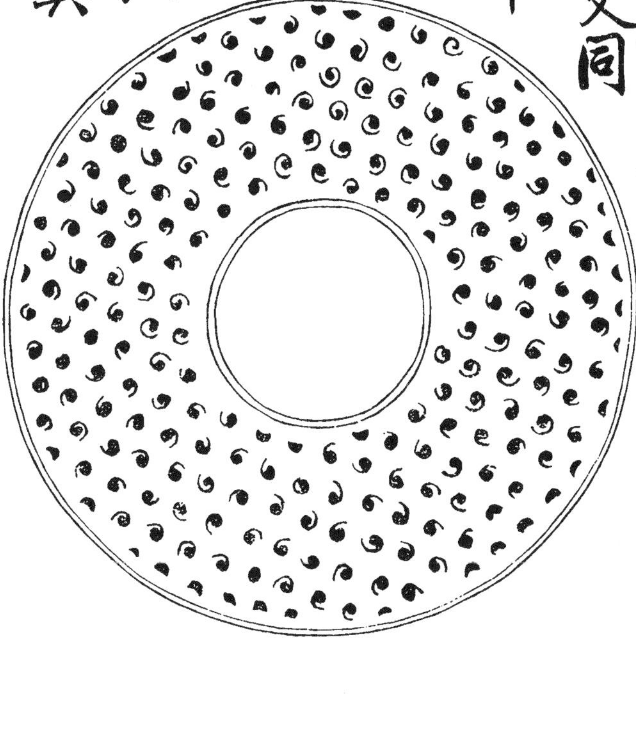

璧

合黄鍾律琯
尺五寸青玉
兩面同文

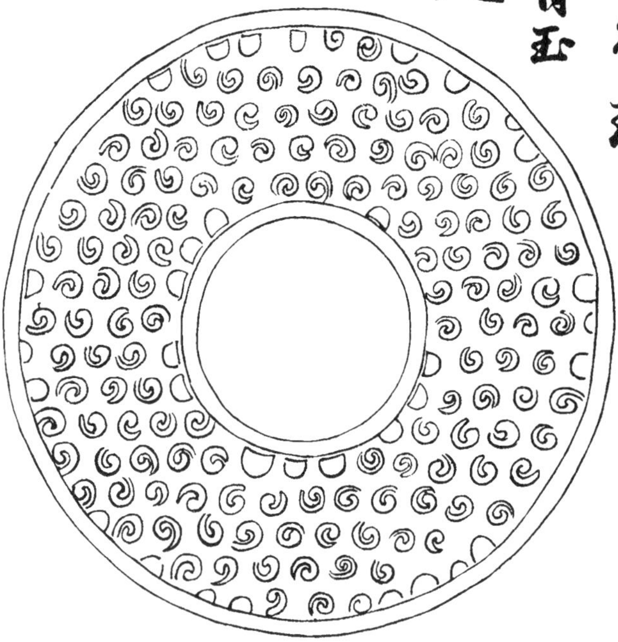

蒲璧　青玉甚薄有璘斑

合黃鍾律琯尺四寸分半當即五寸之蒲璧也瑑刻象織蒲文今有璧上刻蒲草者皆僞作

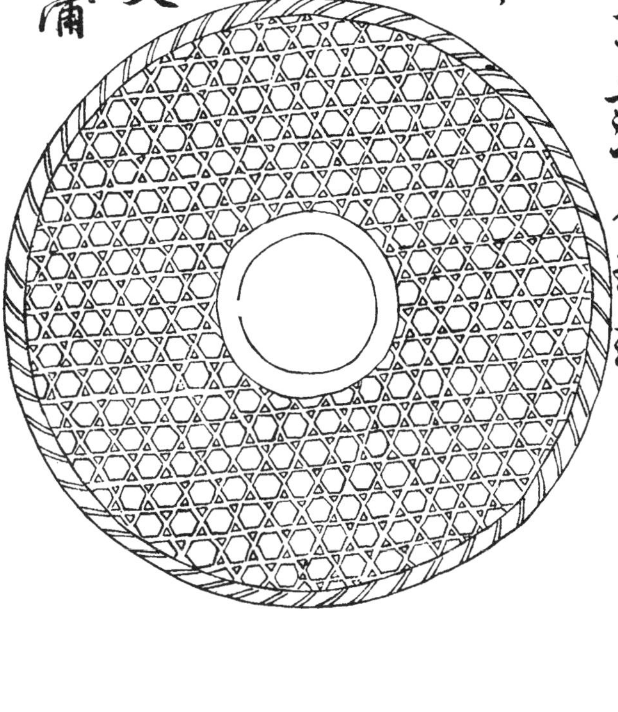

環

合黃鐘律琯尺五寸

山元玉滿身璊斑

好合二寸六分兩肉合二寸四分與肉好若一之制相近

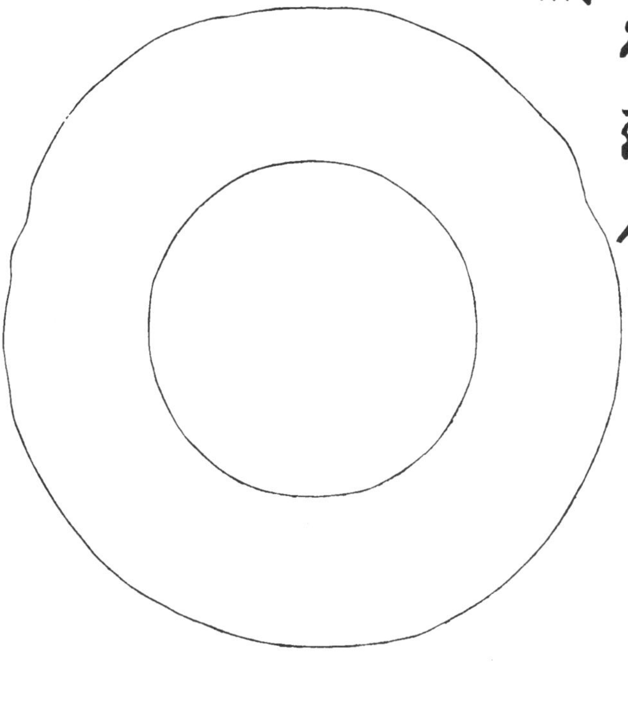

權衡度量實驗攷

四十五

瑗

合黃鐘律琯

尺五寸白玉

滿身璊斑

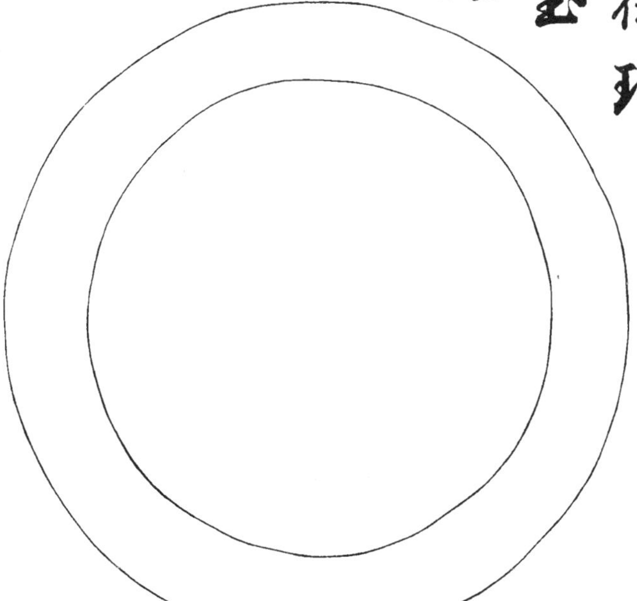

瓏

合黃鍾律琯尺五寸

說文瓏禱旱玉龍文

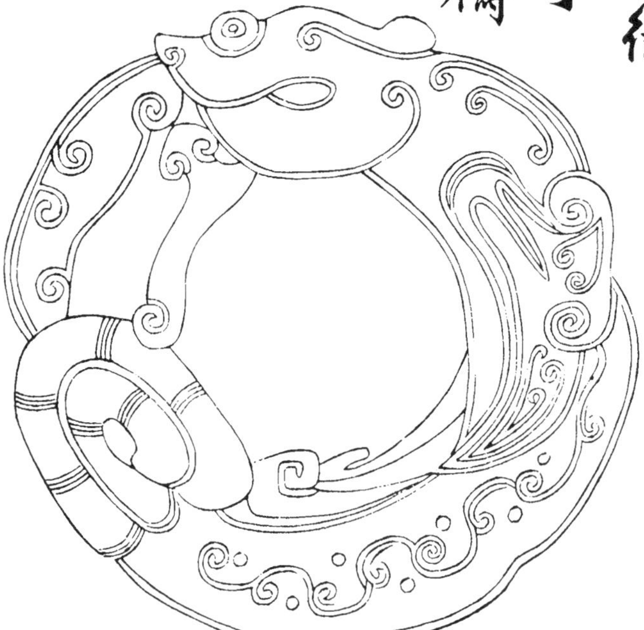

[illegible]馬[illegible]

大琮

合黄鐘律琯尺十有二寸即攷工記玉人所謂内鎮也刻文似駔琮

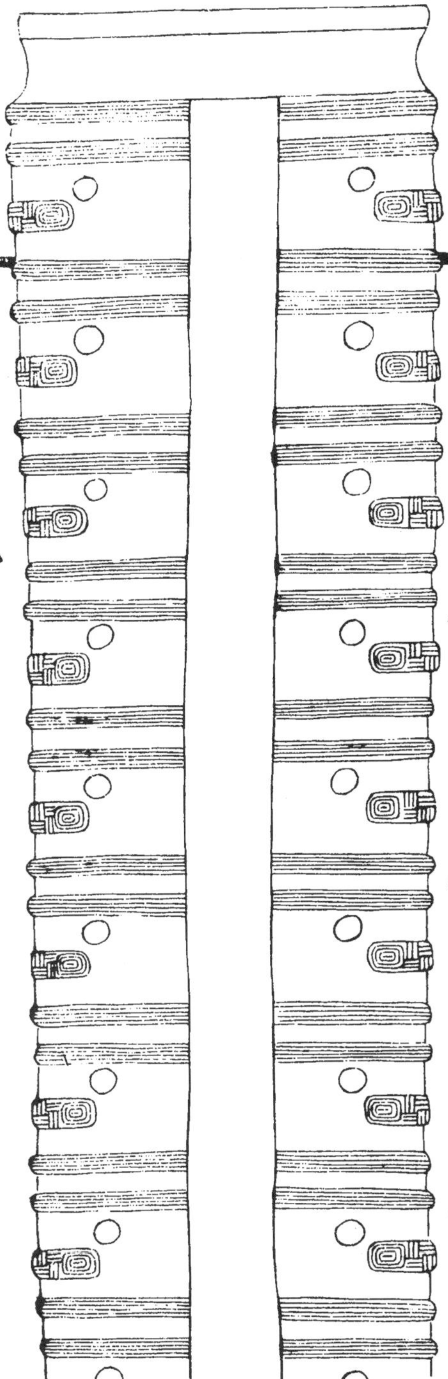

玉色純黑

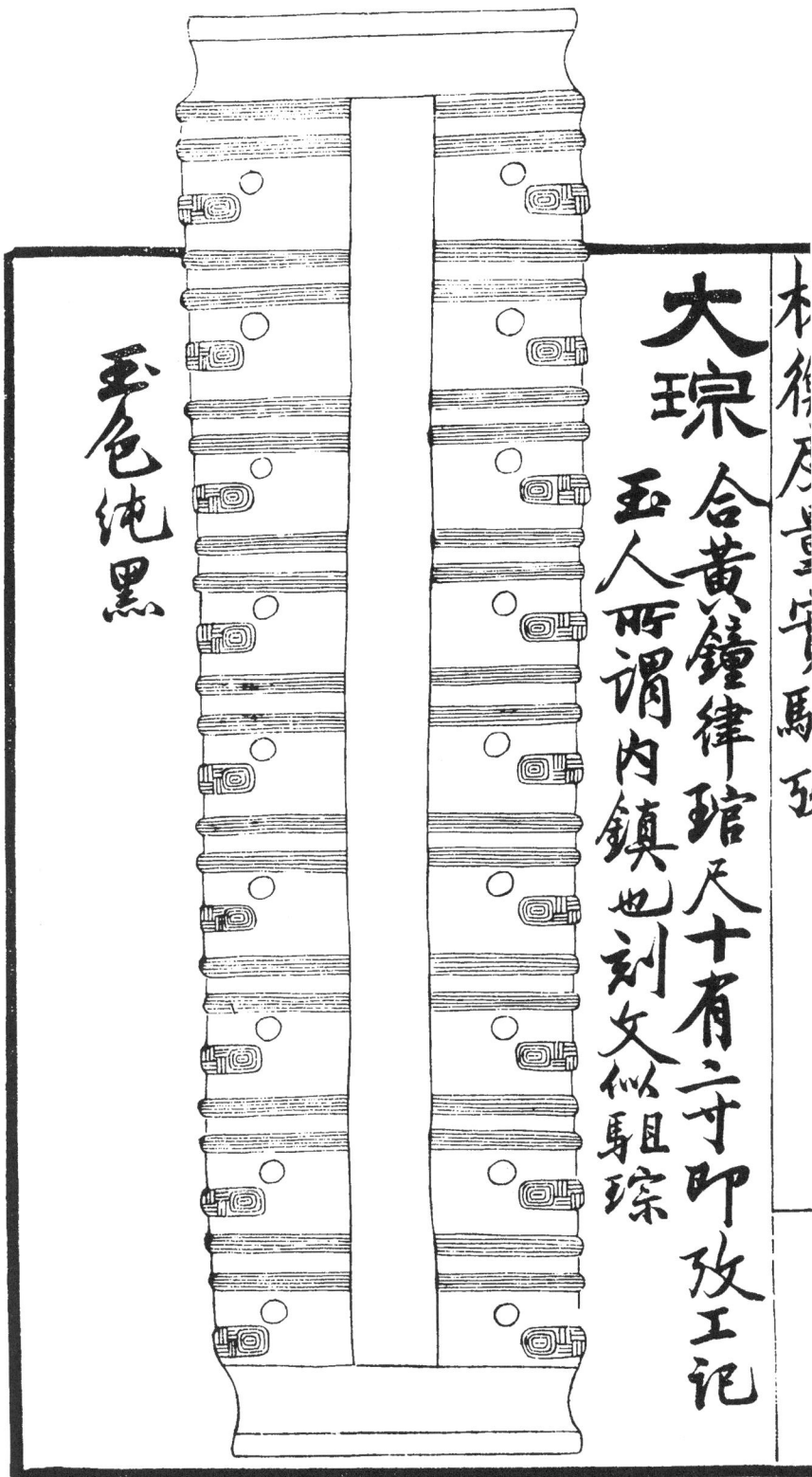

琮

合黄鍾律琯尺七寸口徑三寸五分黄玉中有金心細點古玉中所僅見

琮

合黃鍾律琯尺五寸口徑三寸

青玉滿身土斑

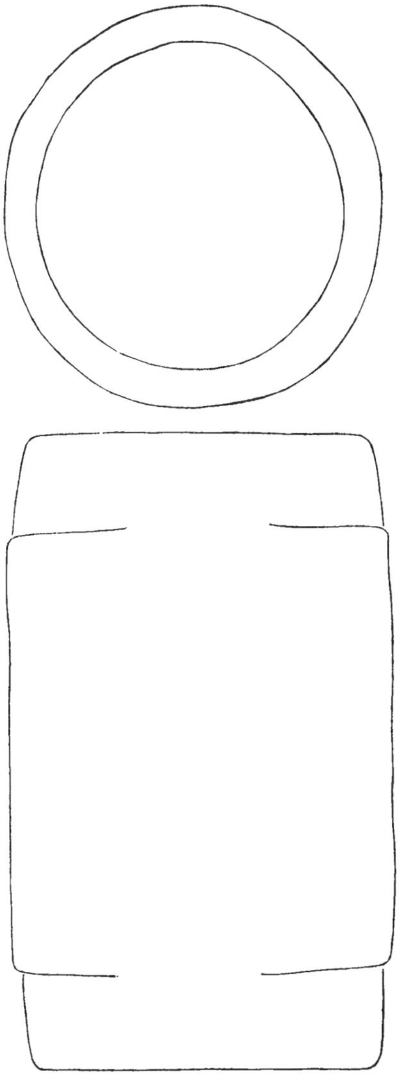

琮

合黄鍾律琯尺五寸强半分口徑二寸五分山元玉有璊斑

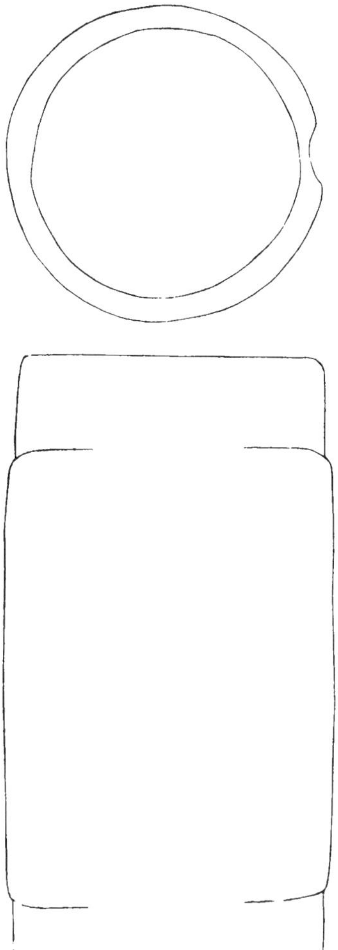

琮

合黄鐘律琯尺五寸口徑二寸五分

青玉滿身璊色多爤鈌

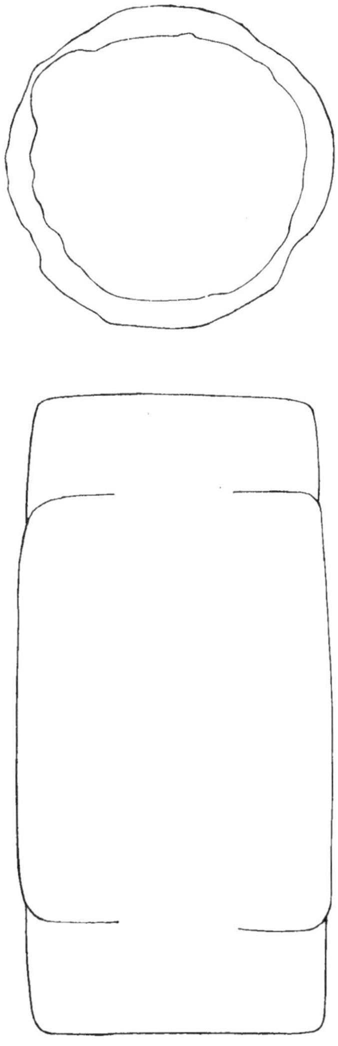

駔琮

合黃鍾律琯尺三寸口徑二寸六分
水蒼玉口有璘斑

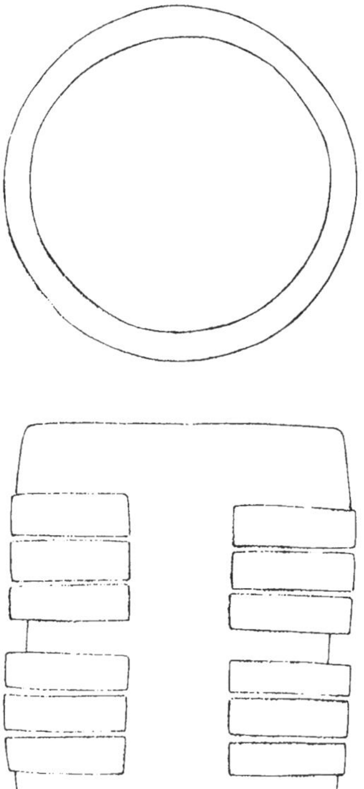

周鍭尺

是尺一尺合鎮圭尺九寸六分强合黃鍾律琯尺八寸六分

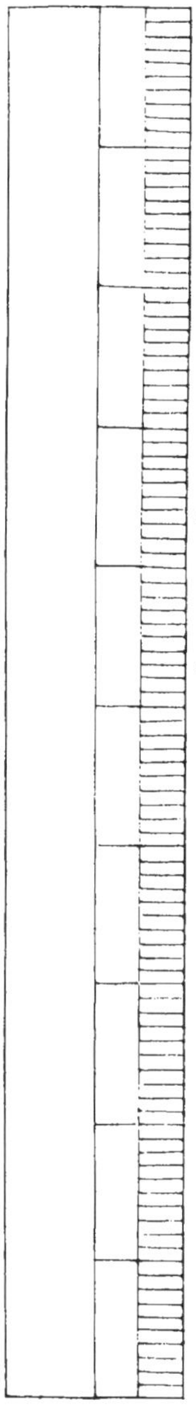

余所藏古劍三一有陽文五字兩劍無字以制度攷之皆周劍也莖長五寸身長四其莖合之為二尺五寸與周禮攷工記桃氏中制合因定為周劍尺較鎮圭尺短四分想當時玉人與桃氏所用之尺不同也

周中士鐱

身長二尺

周中士鐱

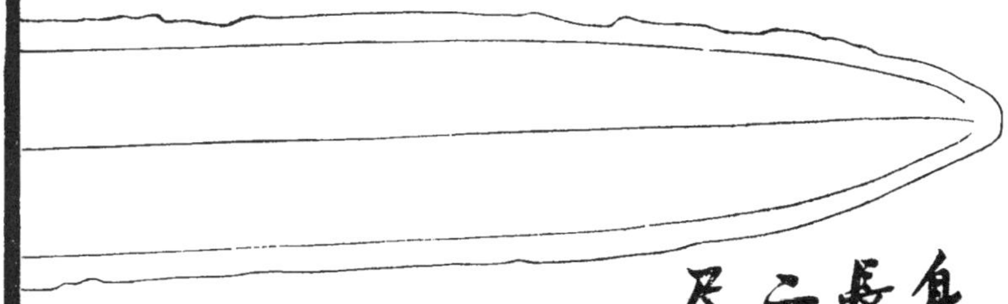

身長二尺

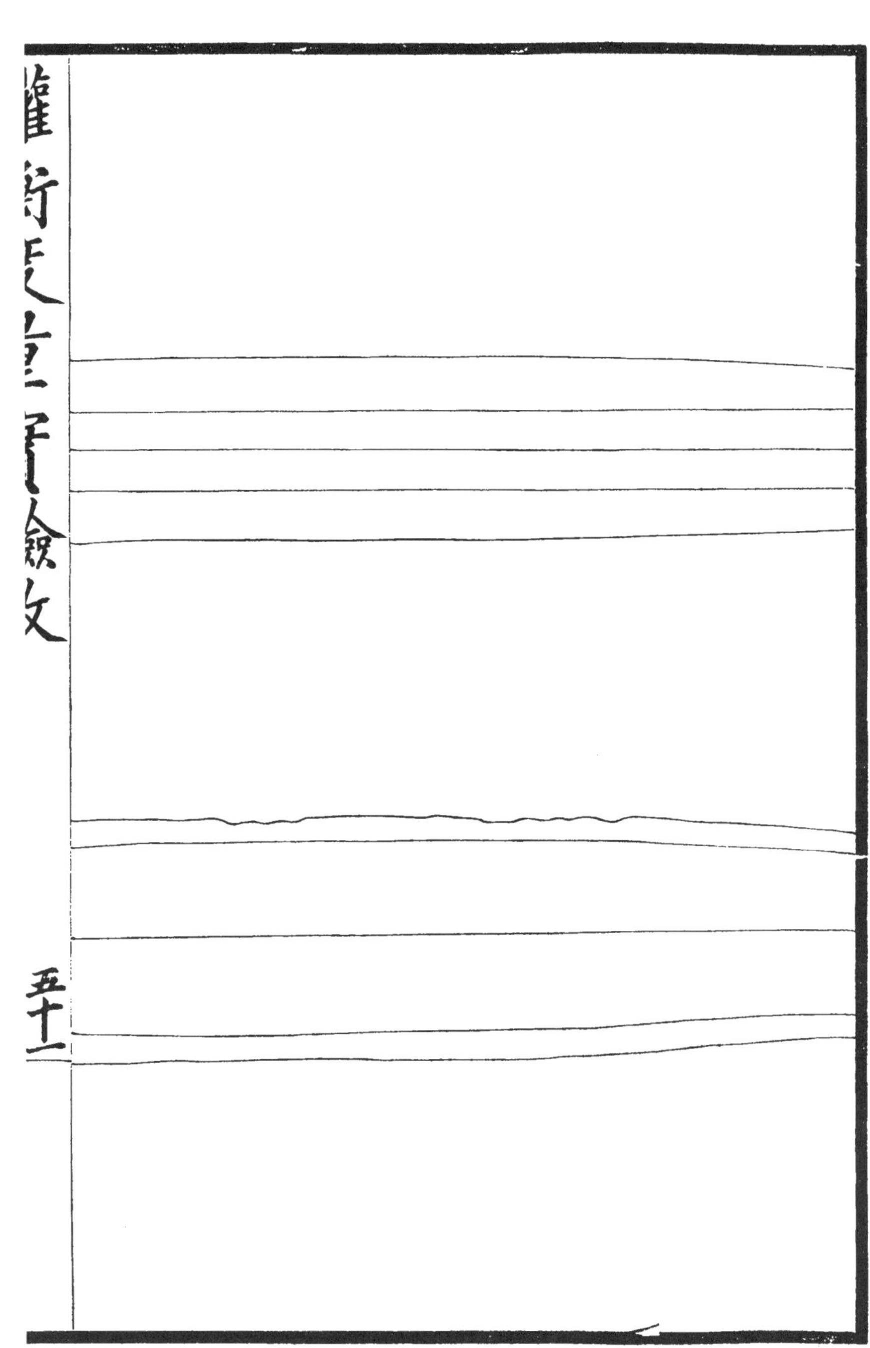

權衡度量實驗攷

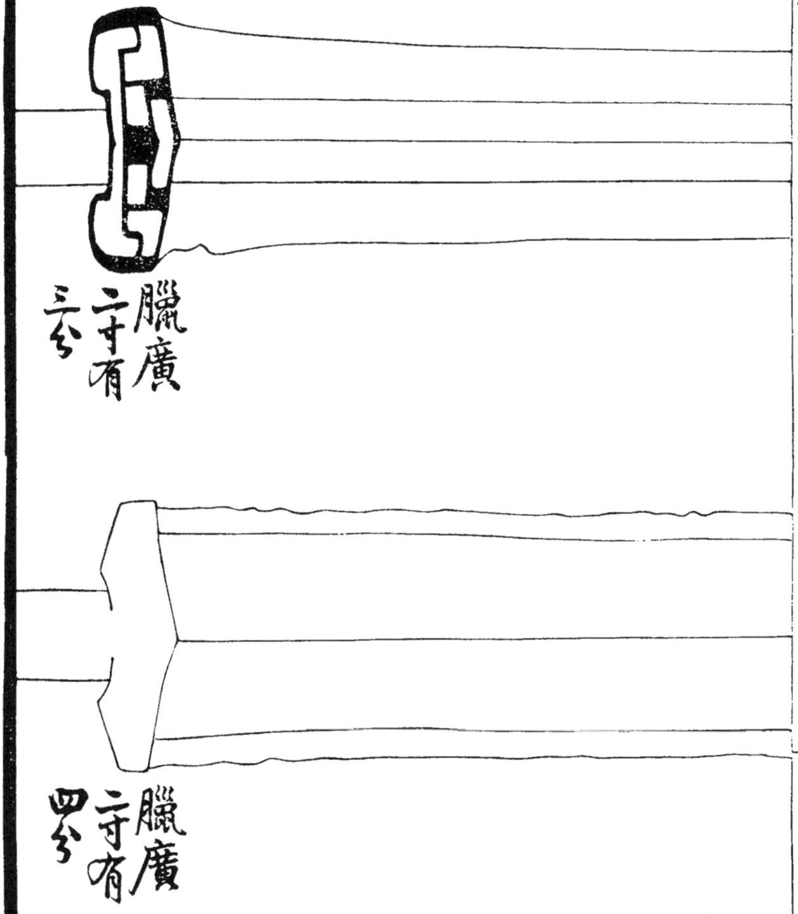

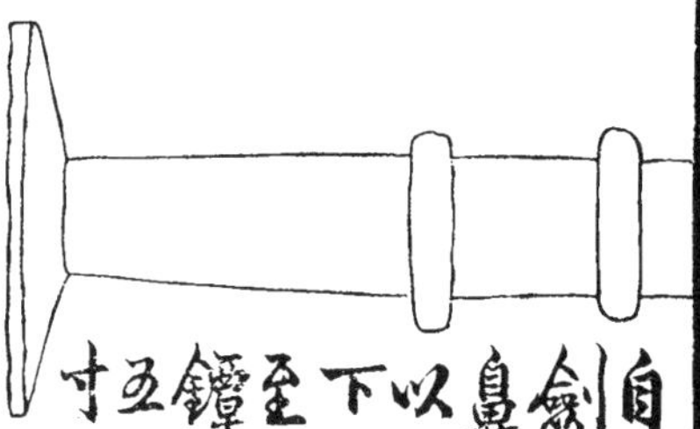

自劍鼻以下至鐔五寸

鐔徑二寸

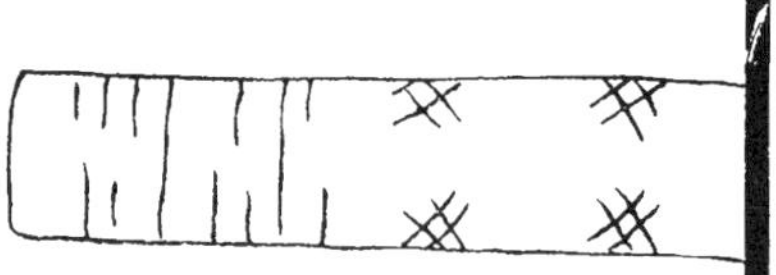

自劍鼻以下莖長五寸

周五字鐱

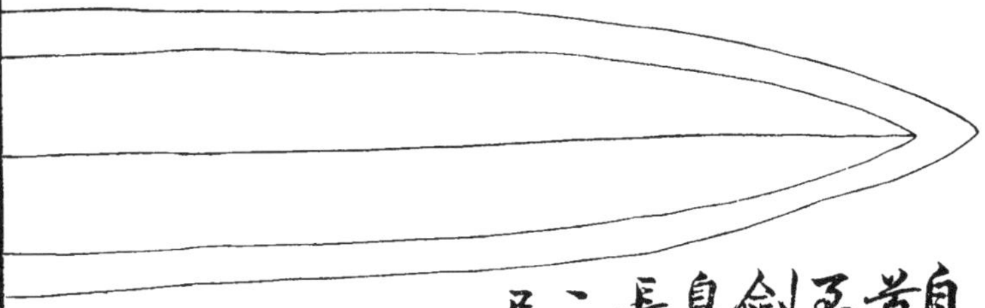

自首至劍鼻長二尺

周中士鐱

續得是劍莖已斷尺寸亦相類

身長二尺短一分

五十三

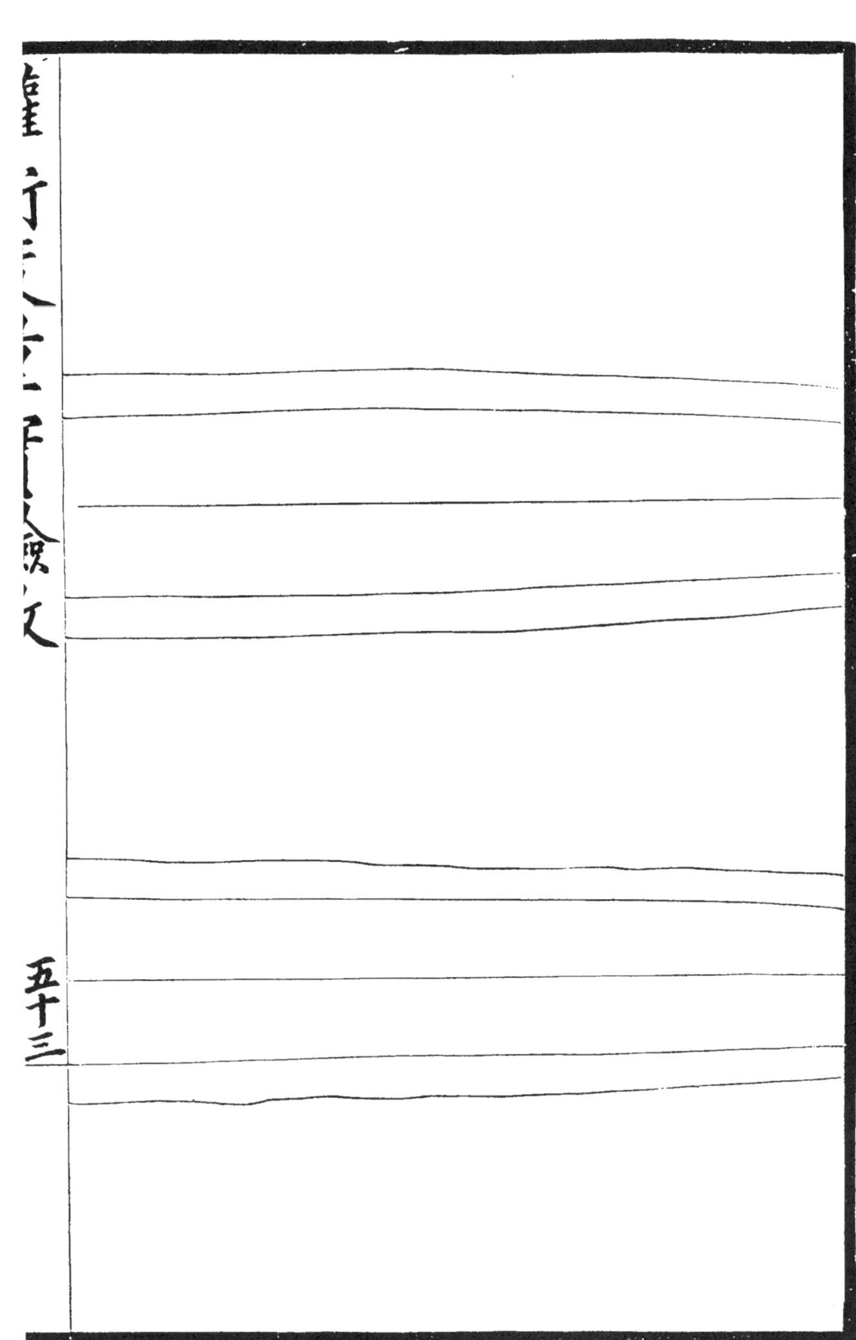

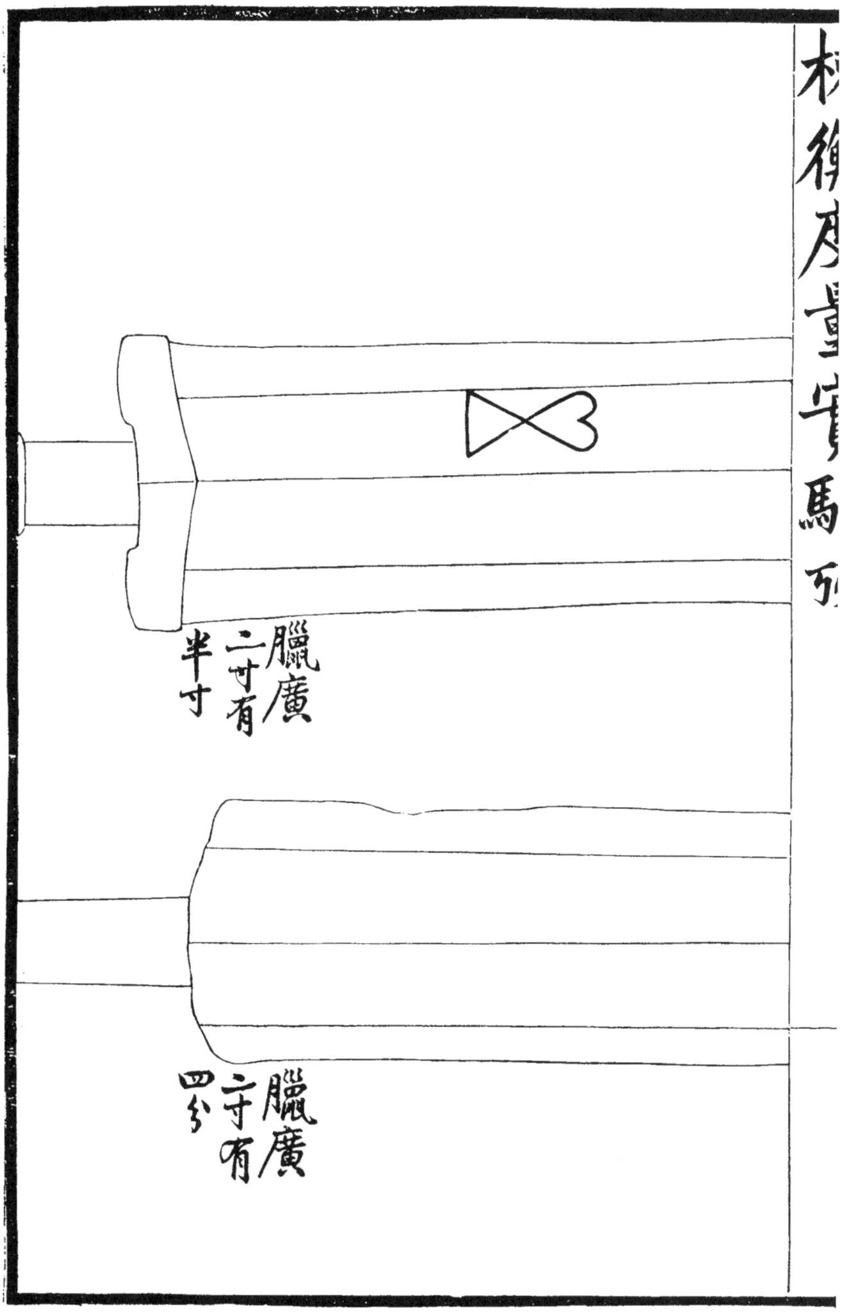
衡度量實驗
臘廣二寸有半寸
臘廣一寸有四分

權衡度量實驗考

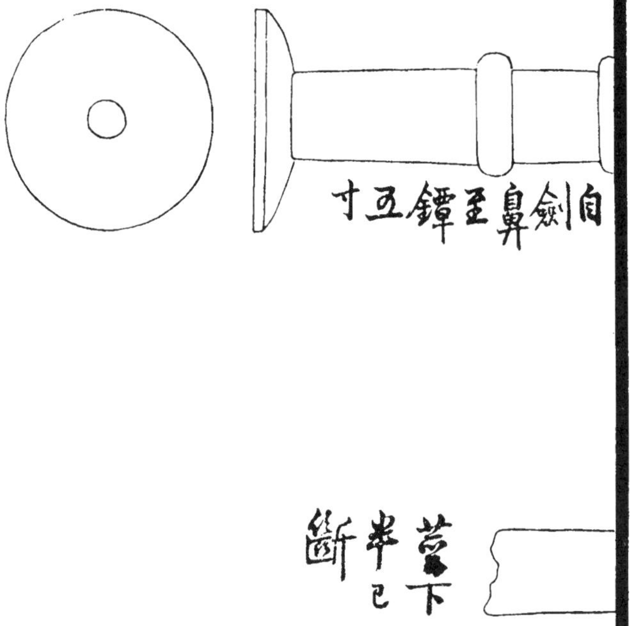

漢慮俿銅尺

尺為孔東塘民部尚任所藏今在衍聖公府

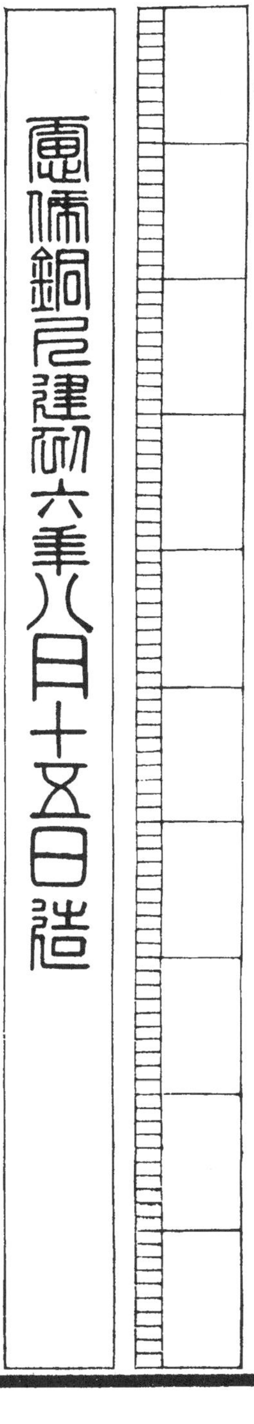
慮俿銅尺建初六年八月十五日造

慮俿縣名漢書郡國志屬并州太原郡阮文達公積古齋款識謂建初銅尺與周尺同近今攷古家多以此為周尺今以黃鍾律琯尺較之是尺長六分較鎮圭尺長一寸六分

王莽銅尺

是尺年月一行十三字及正面所刻分寸皆鏤銀成文制作甚工近年山左出土器藏濰縣故家旁刻比目魚不知何所取義

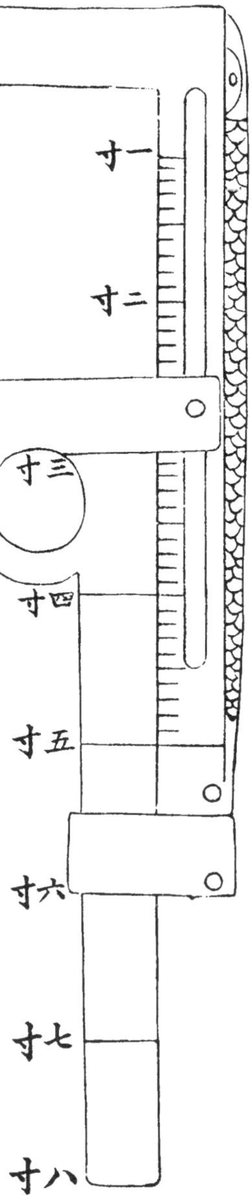

正面上下共六寸中四寸有分刻旁附一尺作丁字形可上可下計五寸無分刻上有一環可繫繩者

背面有篆文年月一行不刻分寸

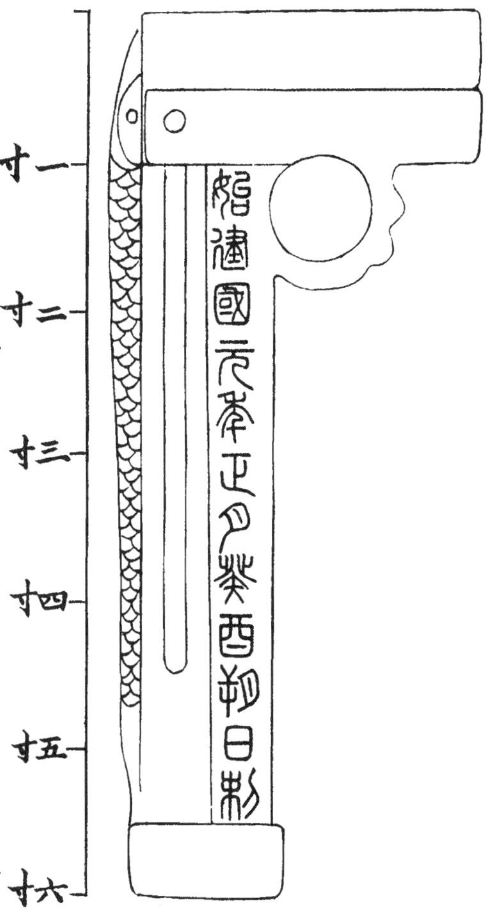

前漢書食貨志王莽更造大錢徑寸二分重十二銖文曰大錢五十又造契刀錯刀契刀其環如大錢身形如刀長二寸文曰契刀五百錯刀以黃金錯其文曰一刀直五千又曰小錢徑六分文曰小錢直一

莽泉

小泉直一徑六分十泉合六寸

大泉五十徑一寸二分

莽刀

一刀契刀各長三寸

莽布

大布貨布各長二寸三分

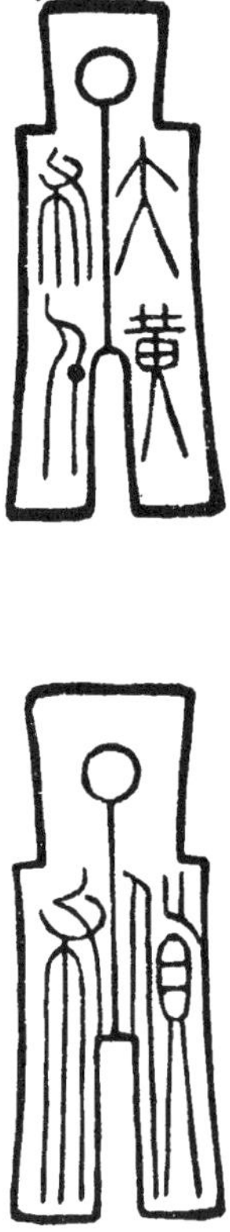

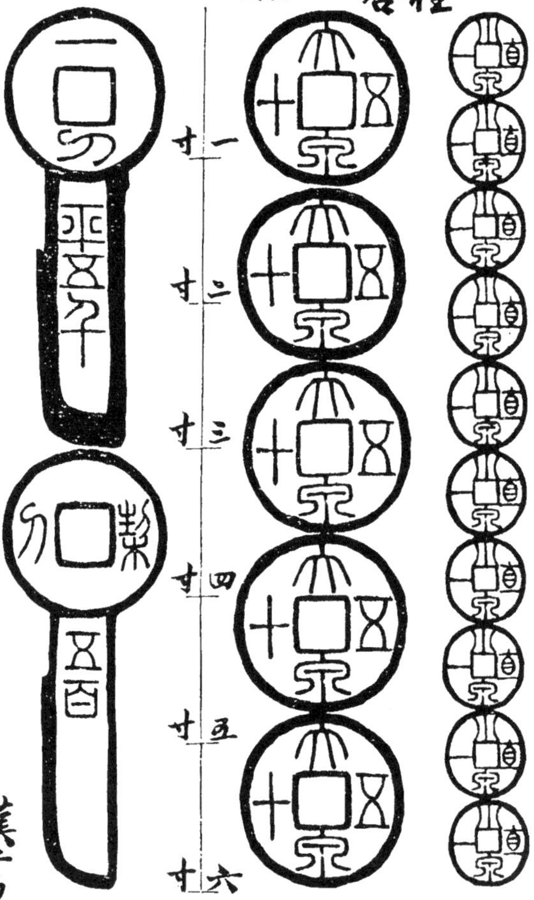

漢書大布長二寸四分今以莽之較之大布貨布皆短一分

權衡度量實驗考

蜀漢建興弩機尺

據大澂所藏建興弩機分數定爲蜀漢尺

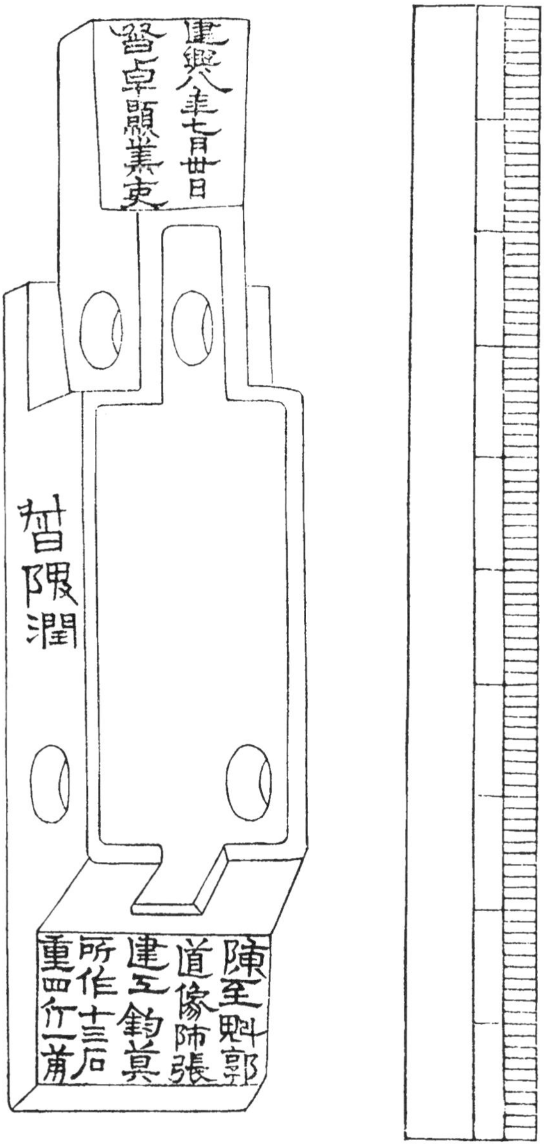

權衡度量實驗攷

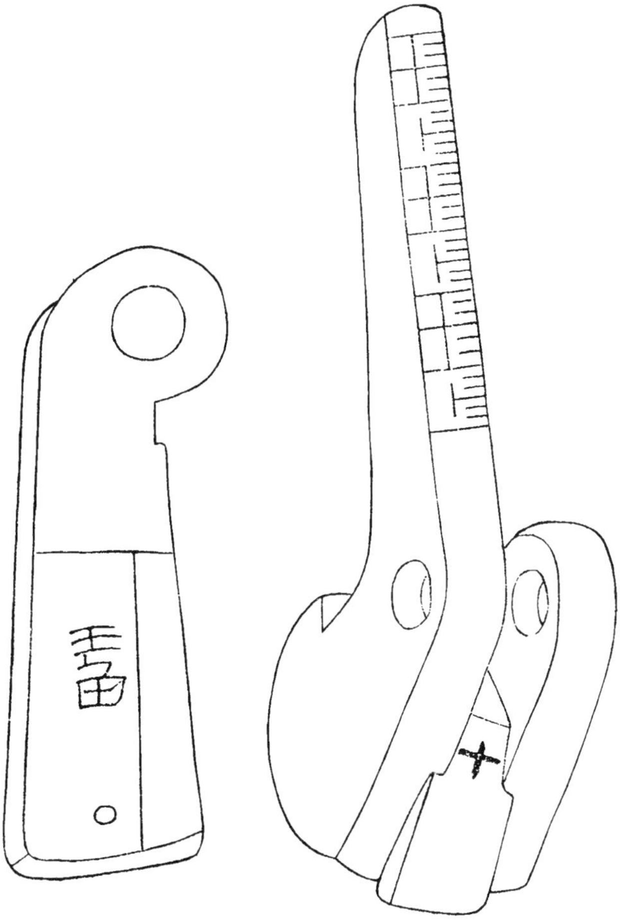

是尺較余所定鎮圭尺僅短半分當時必有所本

晉前尺

據阮刻王復齋鐘鼎款識宋拓本摹入
短於建初六年慮俿銅尺二分强

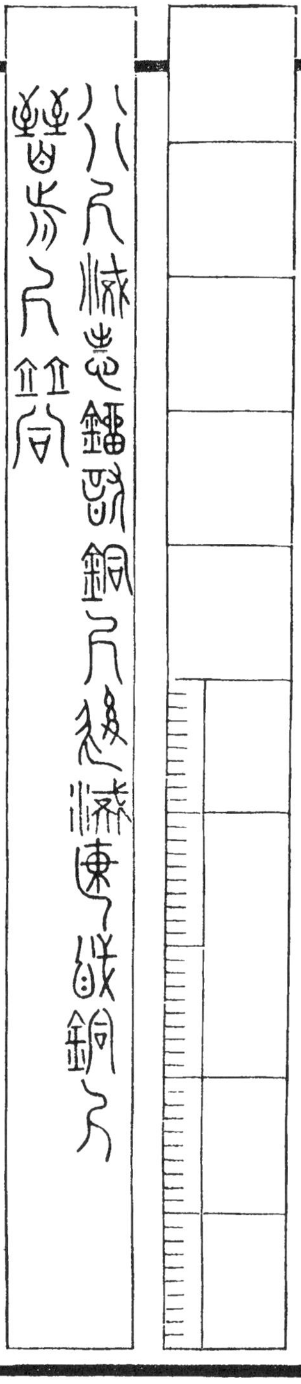

權衡度量實驗攷

五十八

唐開元尺

長於晉前尺九分半

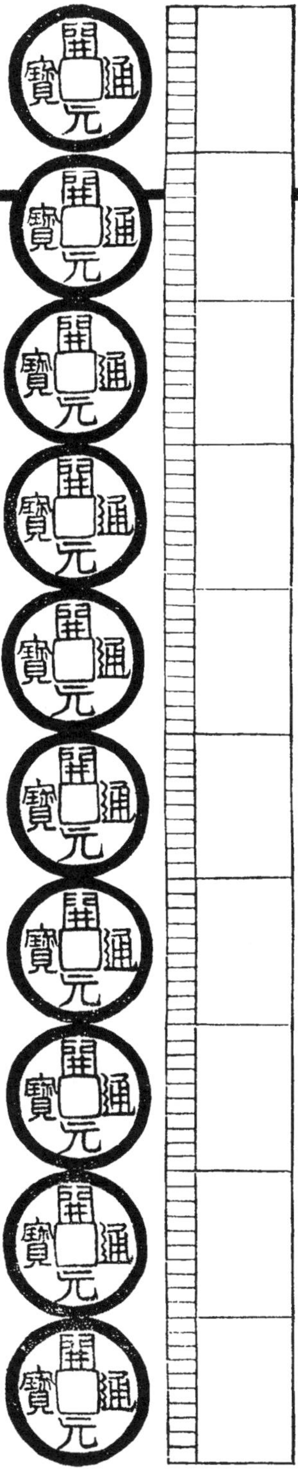

以大澂所藏唐開元錢制作最精輪廓完好者平列十枚適合開元尺一尺

宋三司布帛尺 長於唐開元尺八分

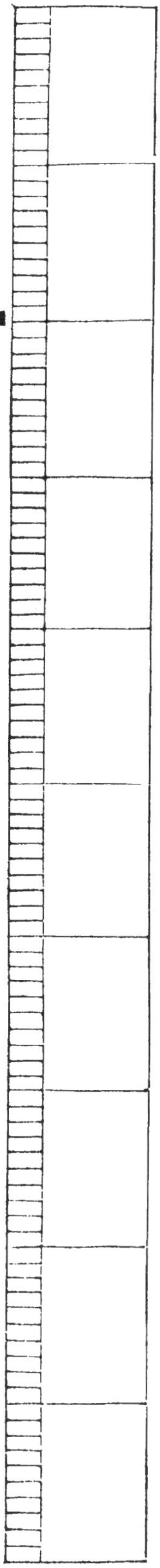

權衡度量實驗攷　五十九

權衡度量實驗考

工部營造尺

長於宋三司布帛尺一寸二分强

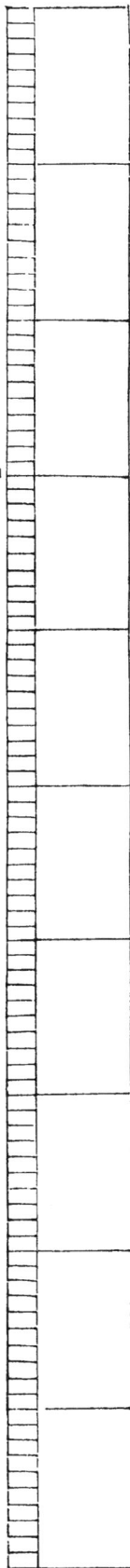

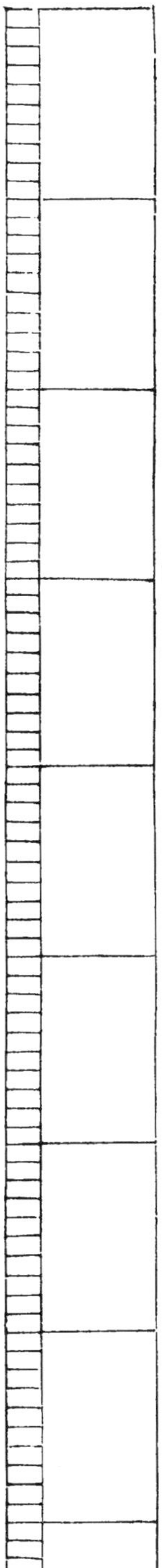

較黃鍾律琯所容秬黍之輕重

前漢書律曆志云權者銖兩斤鈞石也所以稱物平施知輕重也本起於黃鍾之重一龠容千二百黍重十二銖兩之爲兩二十四銖爲兩十六兩爲斤三十斤爲鈞四鈞爲石又云兩者兩黃鍾律之重也二十四銖而成兩者二十四氣之象也今以黃鍾玉律琯所容大小適中之黑秬黍即今之高粱米以河南所產者爲最準

千二百顆平之重今湘平八錢四分若以爲十二銖每銖應重七分十銖重七錢二十四銖應合今湘平一兩六錢八分古兩大於今兩六錢八分不應如此之重即以五銖而論應重三錢五分從未見五銖有過三錢者漢時去古未遠不應銖兩如此之懸絶大澂竊疑漢書所稱千二百黍重十二銖必有誤也兩者兩黄鐘律之重大澂以爲黄鐘律所

容之黑秬黍兩之爲兩者分而爲二以象兩此兩字本義應得千二百黍之半以六百黍爲一兩應重湘平四錢二分二十四銖爲兩黃鐘律之重應合四十八銖非十二銖也以古泉之重較之無不合者大澂所藏兩甾泉當係周秦間制作說文錙六銖也兩錙爲十二銖當與半兩泉輕重相埒令平兩甾泉重令湘平一錢一分兩泉四

錙爲一兩適合湘平四錢二分以此定周兩之輕重當以六百黍爲度以今湘平四錢二分爲率可無疑義矣以二兩爲千二百黍之重應得四十八銖一銖應得一分七釐五毫五銖之重應得八分七釐五毫今以漢五銖十枚平之之重今湘平八錢五分其最厚者重至九分又與四十八銖之輕重大略相符以千二百黍分之每銖之重應合二十

五黍説文鋝十銖二十五分之十三一銖析爲二十五分似與二十五黍爲一銖亦可相證一鋝之重應合二百六十三黍也然則班志所稱黃鐘之重一龠容千二百黍不誤也兩之爲兩二十四銖爲兩亦不誤也惟於千二百黍下云重十二銖則誤矣

[illegible][illegible][illegible][illegible][illegible]馬[illegible]

較古幣之輕重

古權名之見於泉幣者曰兩曰銖曰寽曰釿寽即鍰之古文鋝與鍰一字也說文鍰鋝也鋝十銖二十五分之十三也今以湘平四錢二分爲一兩則十銖應合一錢七分五釐一鍰應合一錢八分三釐七豪五絲惟釿之輕重古書無可攷證說文斤部釿劑斷也與古幣之一釿二釿異解許氏不以權

名解釿猶斤之訓為斫木不云十六兩為一斤而於鈞下則云三十斤其義可互見也今以古幣之輕重權之當係二鍰為一釿應合湘平三錢六分七釐五毫非十六兩之斤也

郢爰金幣　重湘平一兩九錢六分

此幣當是十鍰之金鉼也應合湘平一兩八錢三分七釐五毫溢平一兩錢二分二釐五毫

梁充釿五十二尚爰　重湘平八錢六分

此幣當以五爰充五釿故曰充釿五二下注二十字者言一幣五爰二幣合十爰也五爰應合湘平九錢一分八釐今重八錢六分短平五分八釐七毫五絲

梁正尚金尚爰　重湘平三錢四分

此二爰幣也應重一釿合湘平三錢六分七釐五毫短平二分七釐五毫

權衡度量實驗攷

虞一釿　重湘平三錢七分

虞一釿　重湘平三錢六分

京一釿　重湘平二錢九分

[illegible]一釿　重湘平二錢九分

安邑一釿　重湘平四錢

長垣一釿　重湘平三錢九分

一釿應重湘平三錢六分七釐五毫以上

六幣皆一釿輕重不等以安邑為最重

安邑二釿　重湘平八錢

安邑二釿　重湘平八錢

安邑二釿　重湘平七錢五分

安邑二釿　重湘平七錢七分

乚木二釿　重湘平八錢五分

二釿應重湘平七錢三分五釐以上五幣

皆二釿互有輕重以乚木二釿爲最重

重一兩十二銖　重湘平三錢六分

權衡度量實驗考

一兩應重四錢六分加十二銖應重六錢三分

短平五二錢七分此可見周末圜法之敝也

圣朱貝　五貝重湘平四錢一分最重者九分

哭貝　五貝重湘平四錢二分最重者九分一釐

古貝傳世最多初不知如何運用今以爰

幣較之當以兩貝為一爰爰重一錢八分

三釐七毫五絲一貝應重九分一釐八毫

七絲五忽以貝之重者平之不相上下也

古幣各圖附列於後

黃金幣出安徽鳳臺縣古郢都地李申耆先生兆洛載入鳳臺縣志重一兩九錢六分

[illegible]古郢字省邑今作梁重八錢六分

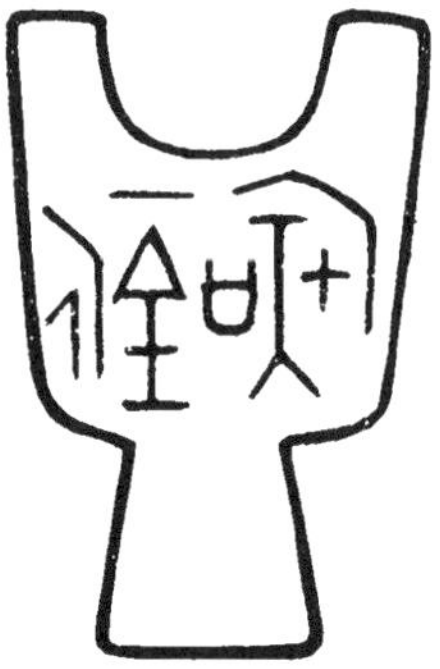

[illegible]古虞字重三錢七分

重三錢四分

重三錢六分

重八錢

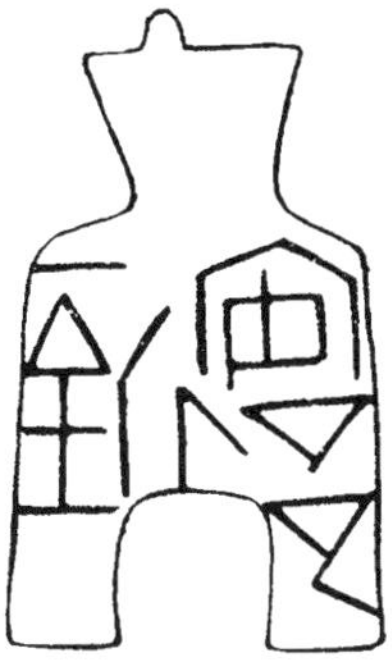

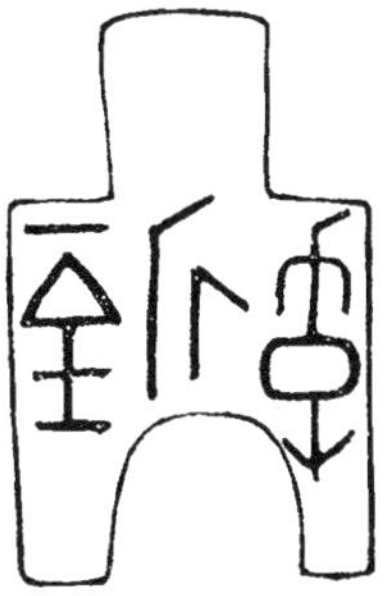

[illegible]舊釋京重二錢九分

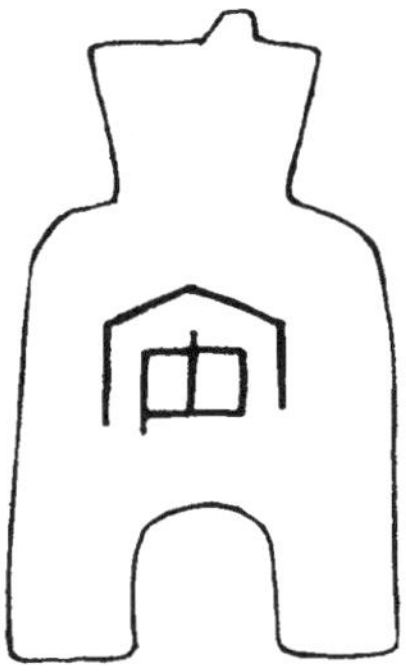

背文有安字重四錢

重八錢

[illegible]舊釋穎重二錢九分

重三錢九分

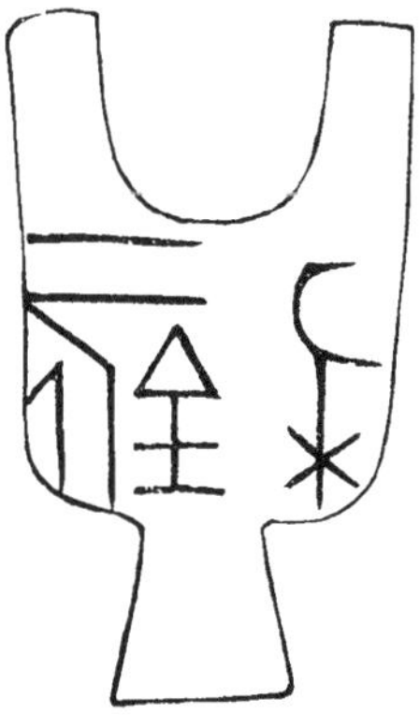

重八錢五分

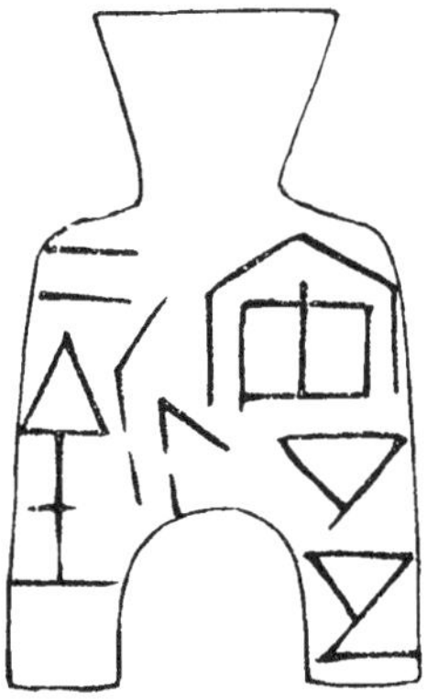

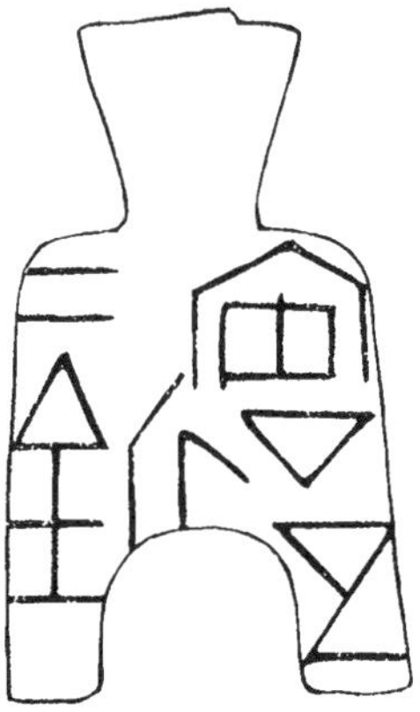

一珠即銖字之異文重三錢六分

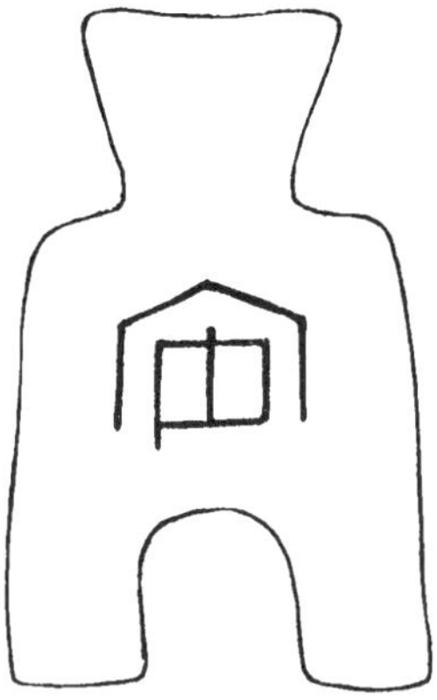

背有安字重七錢七分

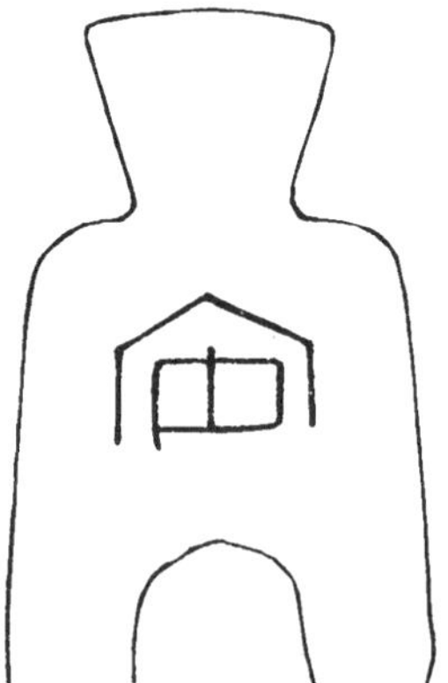

背有安字重七錢五分

權衡度量實驗攷

五貝重四錢七分

古貝俗名蟻鼻錢又名鬼臉錢不知其為貝也華亭馬伯昂貨布文字考釋為當各六銖以〇為當未可據六銖應重一錢五釐今有九分者相去不遠

五貝重四錢二分

蔡鐵耕癖談釋作晉字非也古貝字作哭此即貝之象形字大澂所藏二百餘貝重者有九分一二釐以為六銖則稍弱故疑為兩貝當一銖也

較古矢鏃之輕重

周禮考工記冶氏爲殺矢刃長寸圍寸鋌十之重三垸鄭注引司農云垸量名讀爲丸賈疏謂垸是稱物之名亦斛量之號戴東原補注以垸爲鍰之假借字鍰即鋝也三鍰與三鋝似無區別亦尚未塙大澂竊疑古權無垸名或即釿字之譌古幣銖字有作珠者古釿字皆作釿或書作圻後人遂誤爲垸

權衡度量實驗攷

冶氏爲戈重三鋝鋝鍰皆權名戈重三鋝矢重三鋝文義又相類說文鋝十銖二十五分之十三也周禮曰重三鋝北方以二十兩爲鋝此鋝字之異解戈重六十兩合今湘平二十六兩二錢今以大澂所得古矢鏃較之輕重不一圖之以備參攷

兩面同

重湘平五錢二分

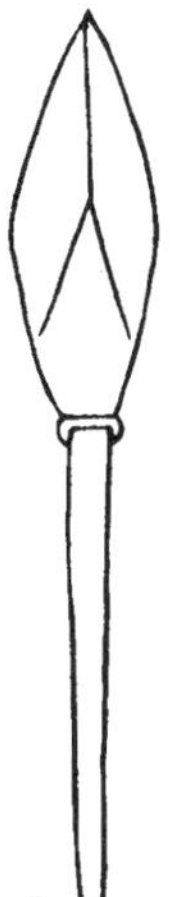

三角

重湘平四錢八分

四棱

重湘平四錢七分

兩面同

重湘平三錢六分

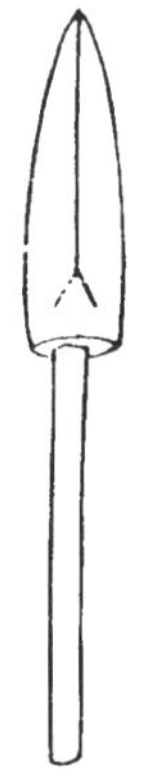

三角

重湘平二錢四分

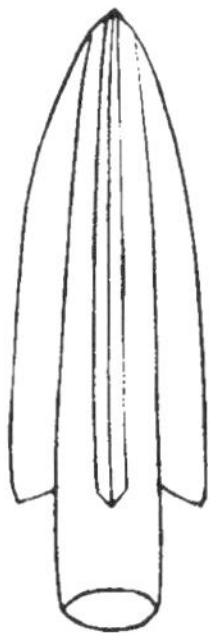

三角中空

重湘平四錢一分

兩面同

重湘平三錢五分

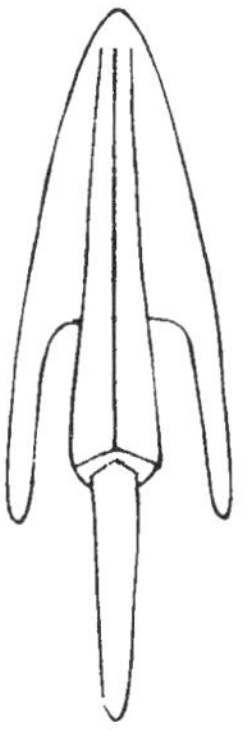

兩面同

重湘平三錢一分

以最輕之矢一釿較之二釿應得五錢八分

以上八鏃皆不及二釿或係弩矢非弓矢
故與冶氏之殺矢輕重有别

秦半兩泉

八泉共重湘平一兩八錢與第九權泉平合秦之一兩合湘平四錢五分

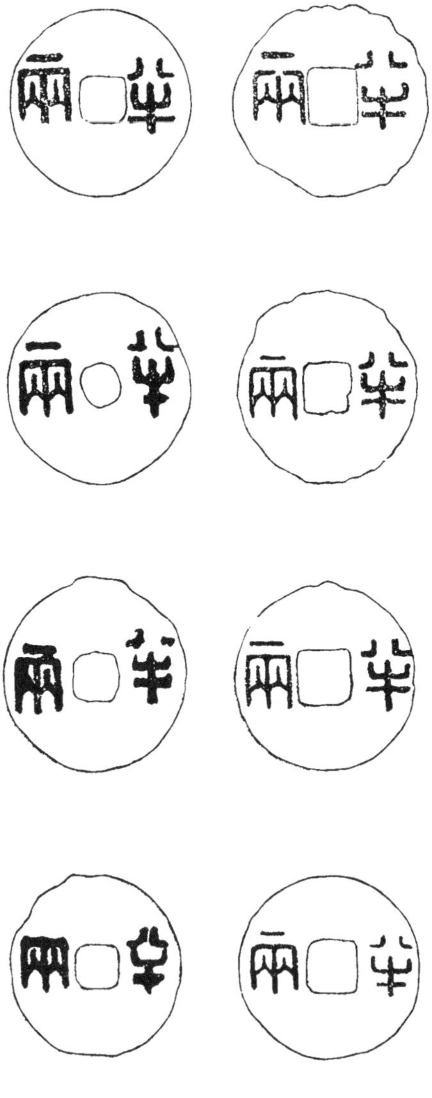

周權一兩重湘平四錢二分秦權一兩重湘平四錢五分

秦四兩權泉

諸城劉燕庭方伯舊藏今為漢軍繼幼雲所得

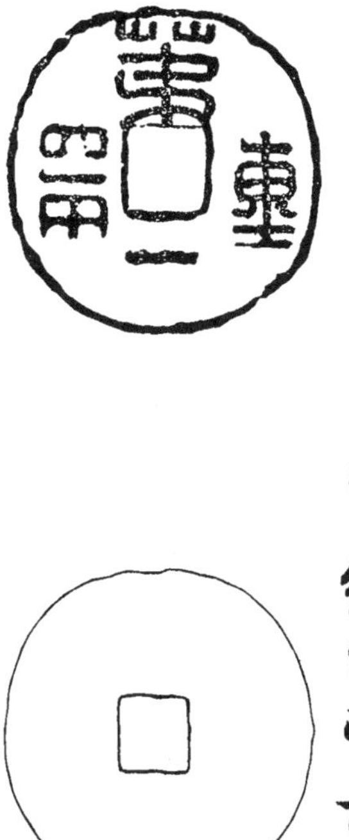

重湘平一兩七錢稍弱

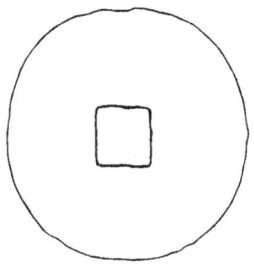

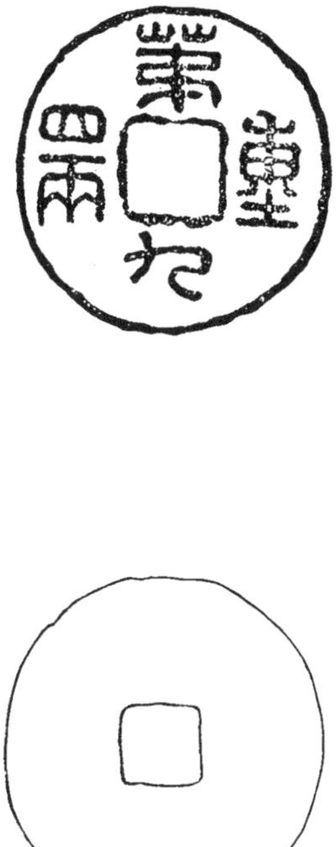

重湘平一兩八錢稍弱每斤合湘平七兩錢與鈞權石權合

秦斤權

是權西安出土周圍刻始皇二世詔十七行重湘平六兩三錢分

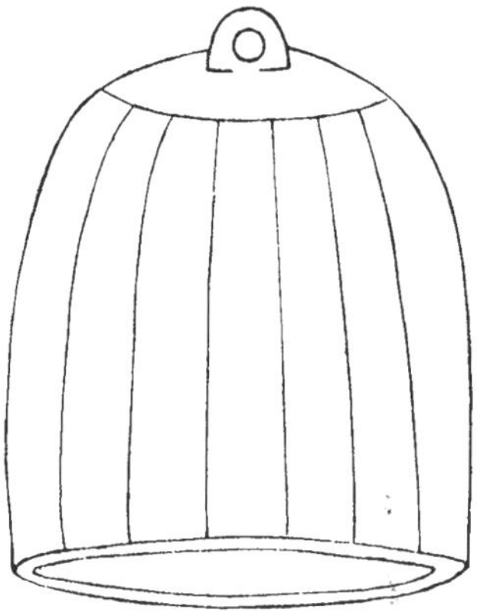

廿六年皇帝盡并兼天下諸侯黔首大安立號爲皇帝乃詔丞相狀綰灋度量則不壹歉疑者皆明壹之

秦權泉四兩重一兩八錢十六兩爲一斤應合七兩廣錢是權短平八錢九分下邊有磨鑢痕故銅質畧輕

元年制詔丞相
斯去疾灋度量
盡始皇帝爲之
皆有刻辭焉今
襲號而刻辭不
稱始皇帝其於
久遠也如後嗣
爲之者不稱成
功盛德刻此詔
故刻左使毋疑

秦鈞權

大澂得於陝西寶雞縣

此秦時三十斤之鈞權也重今湘平十三斤八兩以四兩權泉四枚積湘平七兩六錢爲一斤二百十六兩爲三十斤與此正合

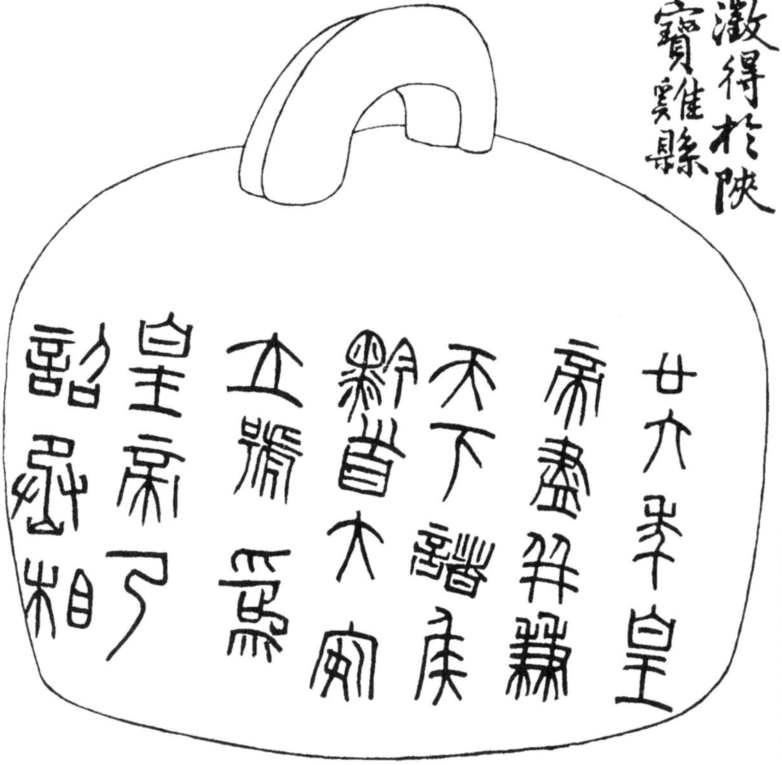
廿六年皇
帝盡并兼
天下諸侯
黔首大安
立號爲
皇帝乃
詔丞相

始皇詔全文

廿六年皇帝盡并兼天下諸侯黔首大安

㲘者[illegible]
[illegible]

元年制詔丞相斯去疾法度量盡始皇帝爲之皆有刻辭焉今襲號而刻辭不稱始皇帝其於久遠也如後嗣爲之者不稱成功盛德刻此詔故刻左使毋疑

廿六年皇帝盡并兼天下諸侯黔首大安立

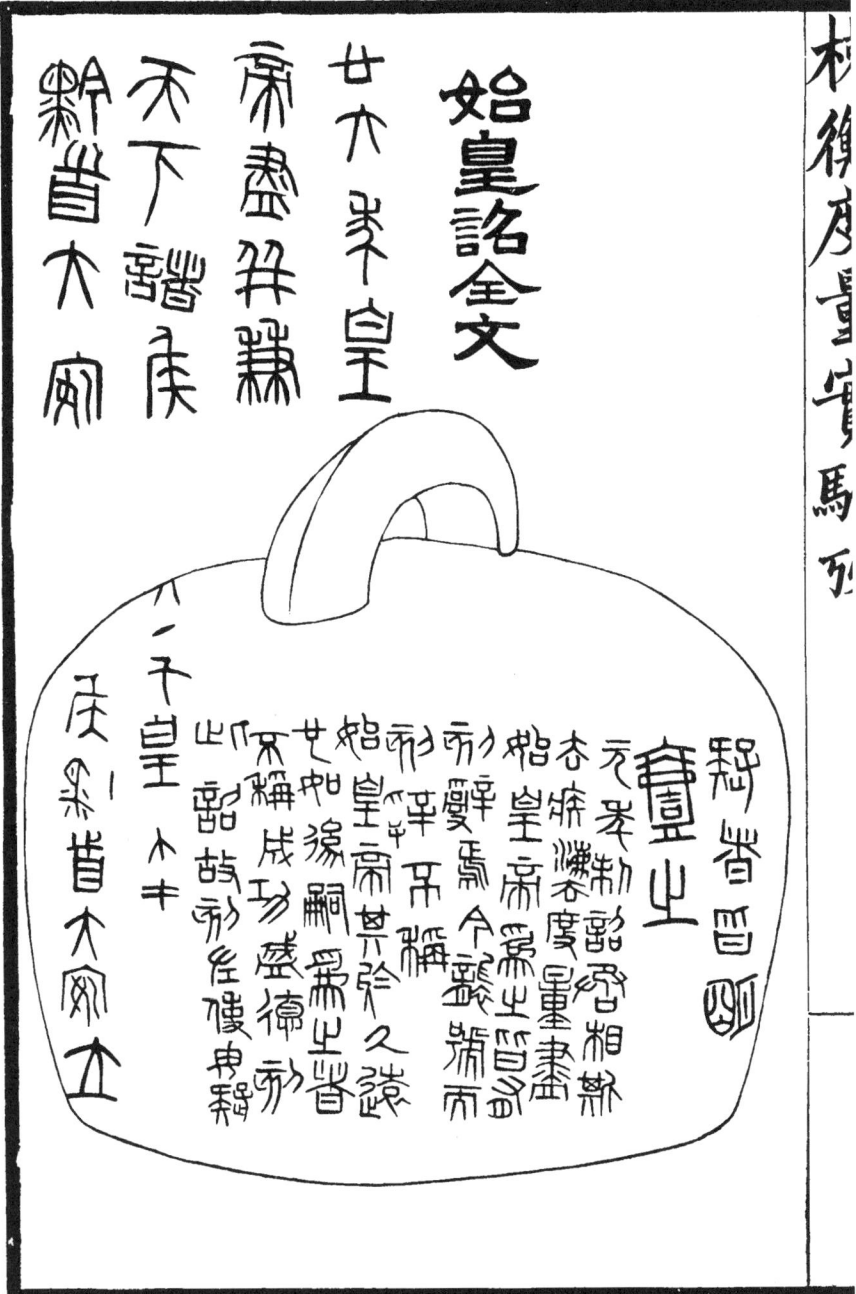

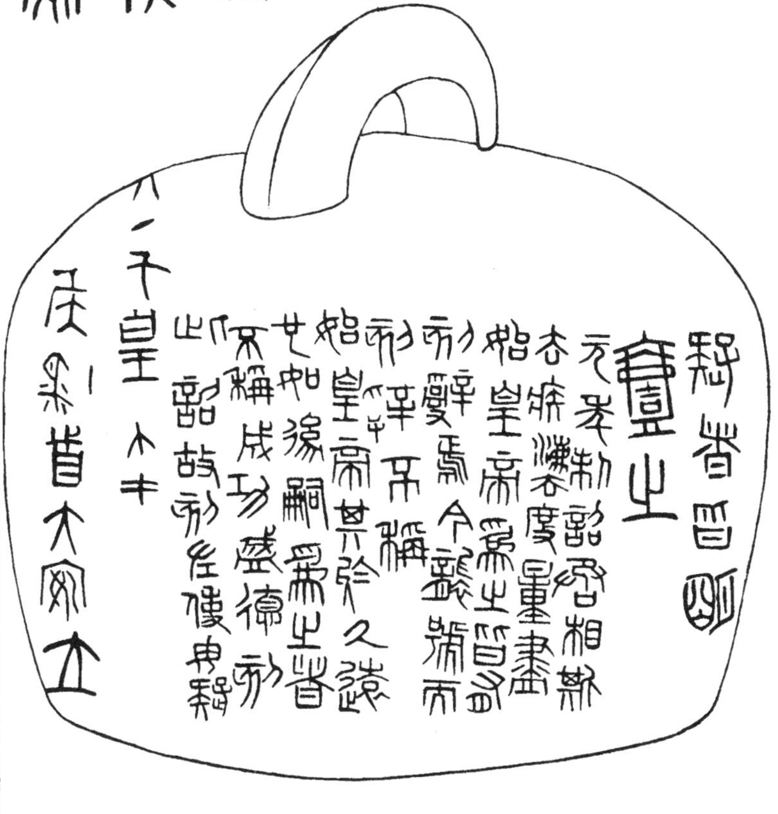

立號為皇帝乃詔丞相狀綰法度量則不壹歉疑者皆明壹之

廿六年皇帝盡并兼天下諸侯黔首大安立號為皇帝乃詔丞相狀綰法度量則不壹歉疑者皆明壹之

是權兩刻始皇詔書或因初刻一詔日久有漫漶字迹二世須詔時補刻始皇前詔故有重文

秦石權

余得銅鐵二石權，此銅權也。

重今湘平五十四斤，適合四鈞權之重，知爲百二十斤之石權。

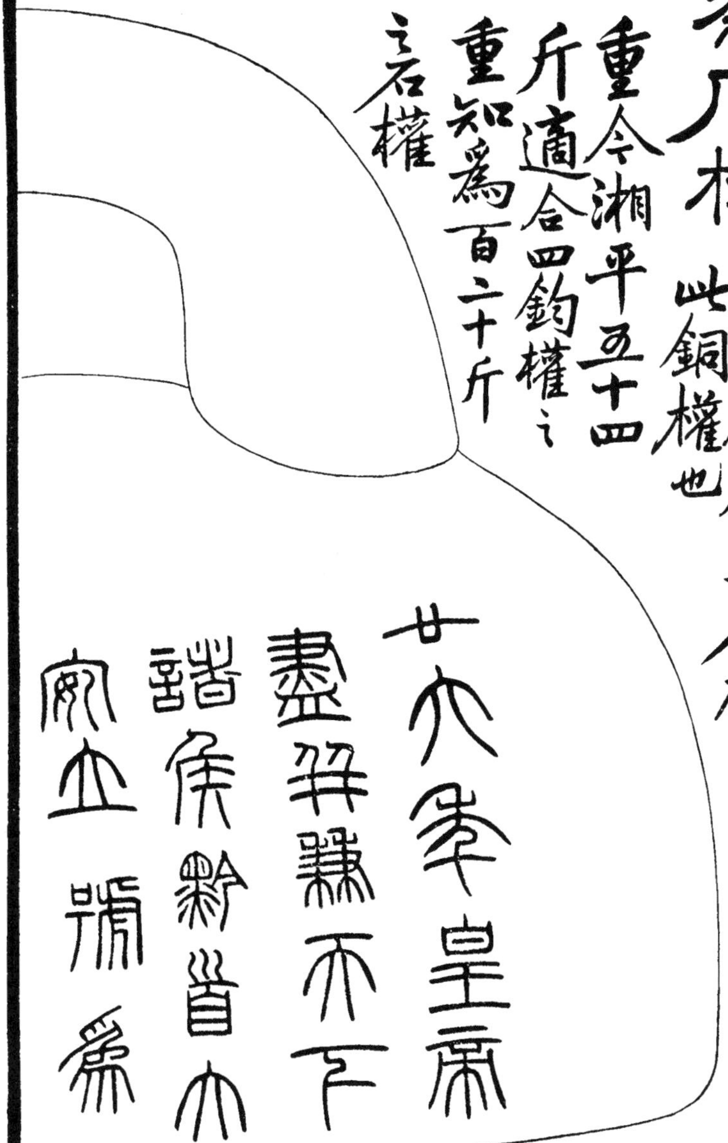
廿六年皇帝
盡并兼天下
諸侯黔首大
安立號爲

權衡度量實驗攷

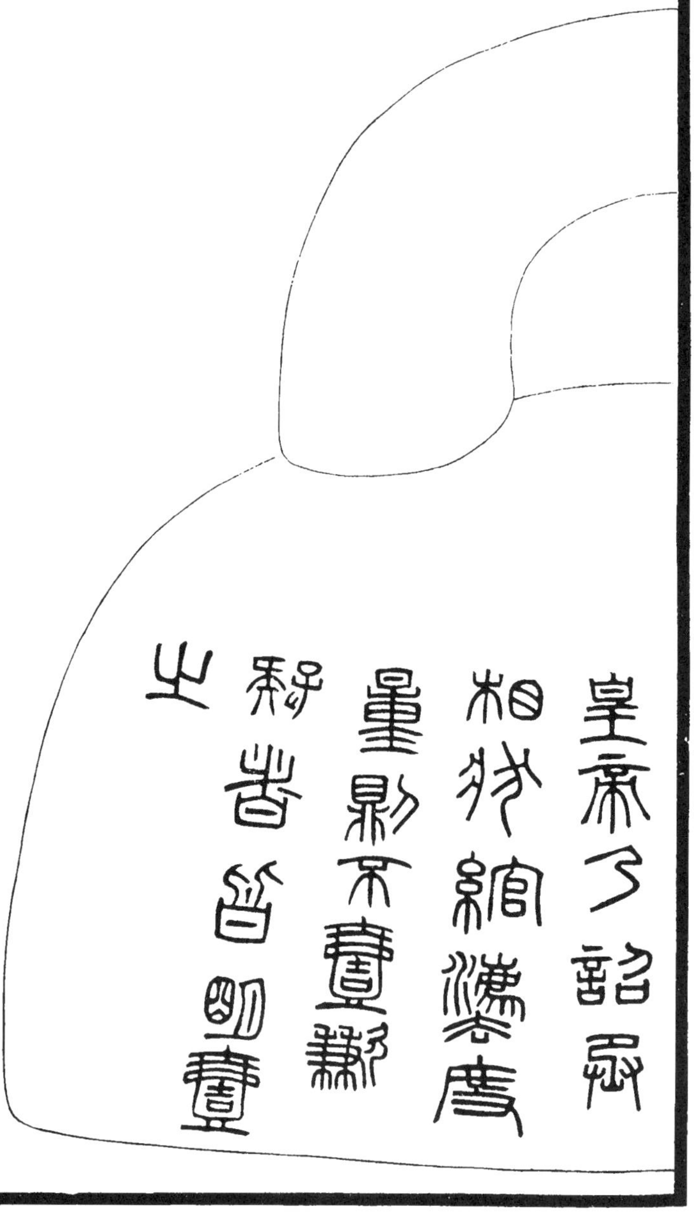
皇帝乃詔丞
相狀綰灋度
量則不壹歉
疑者皆明壹
之

七十四

權衡度量實驗考

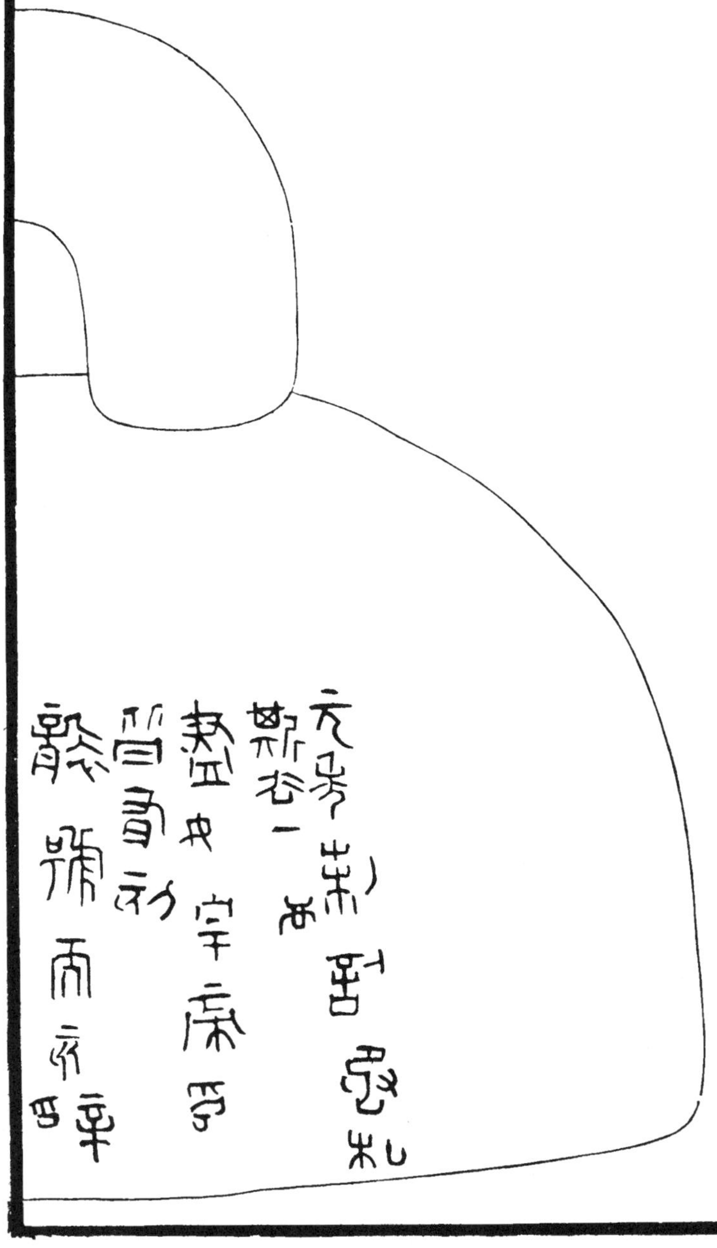

權衡度量實驗考

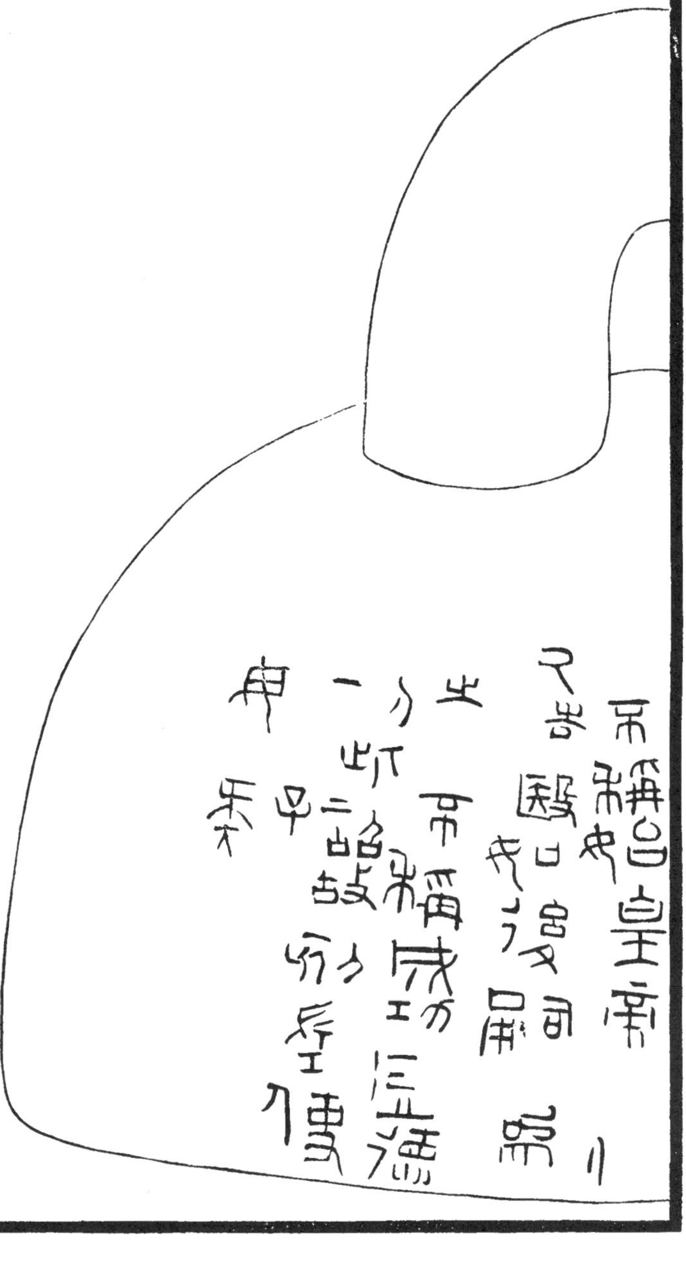

七十五

較王莽泉刀之輕重

王莽所鑄泉布及錯刀契刀在漢時最爲精良其輕重見於漢書食貨志及王莽列傳可按籍而稽也然余所藏莽泉莽布莽刀輕重亦不一律今擇其輕重適均可與漢志相證者比而圖之如左

重今湘平二錢二分

食貨志大錢重十二銖

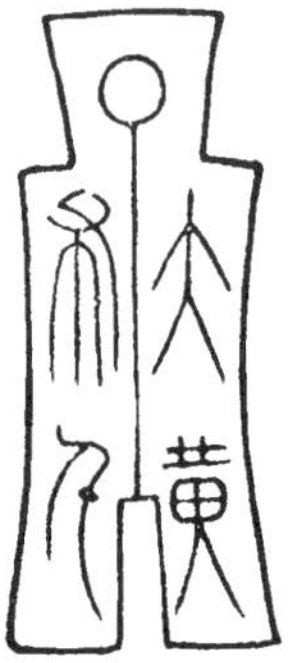
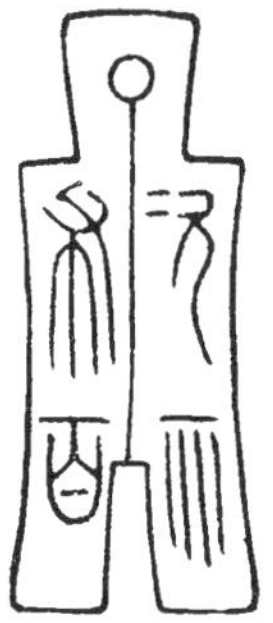

重今湘平一錢二分
食貨志中錢重七銖

重今湘平四錢四分
食貨志大布重一兩

重今湘平四錢二分食貨志大布
次布相重一銖應重二十三銖

重今湘平九分二釐
食貨志貨泉重五銖

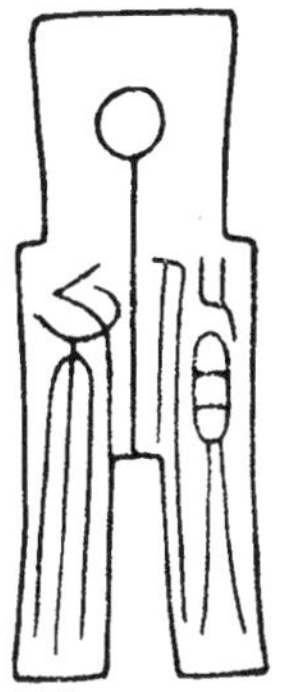

重今湘平四錢六分

食貨志貨布重二十五銖

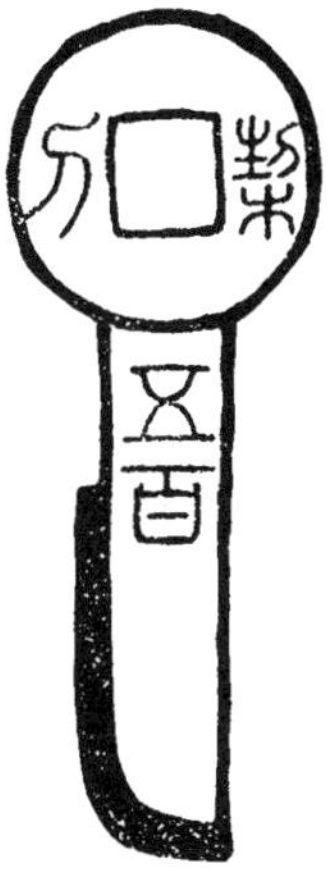

重今湘平四錢六分約合六十

五銖食貨志未詳其重

重今湘平八錢五分約合二兩

短三分食貨志未詳其重

以上六種每兩合湘平四錢四分十二銖合二錢

二分一銖約合一分八釐三毫三絲四忽此西漢

通用之斤兩與余所藏筑陽家銅立錠合

筑陽家銅小立錠高四寸半寸容四分升一連

槃并重一斤八兩第八

以四錢四分爲一兩二十四兩應合湘平十兩

五錢六分合重湘平十兩三錢四分短二錢

二分銅質有微損耳附記於此

畸輕畸重各泉帀刀並列於後

十枚　重二錢六分　食貨志小錢重一銖

權衡度量實驗攷

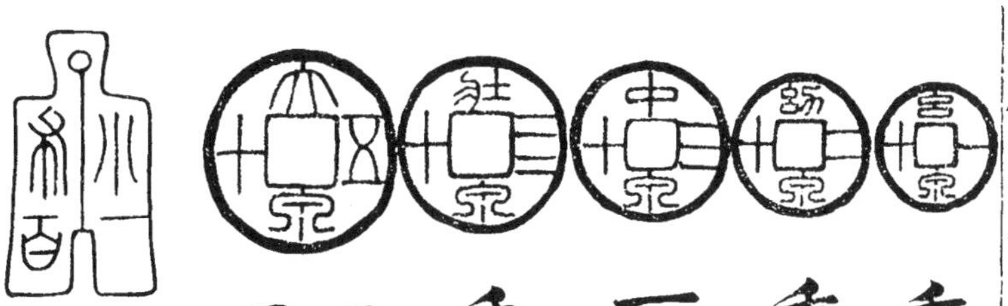

重七分　食貨志幺錢重三銖

重七分　食貨志幼錢重五銖

一重八分　一重七分

重一錢　食貨志壯泉重九銖

一重一錢九分　一重一錢八分

一重一錢七分

一重二錢　一重一錢九分

食貨志小布重十五銖小布以上各相重一銖

損一足重一錢二分 十七銖不足

重二錢 食貨志誤作厚布 十八銖不足

重二錢六分 十九銖不足

重三錢 二十銖不足

一重三錢五分 一重三錢四分

二十三銖不足

權衡度量實驗攷

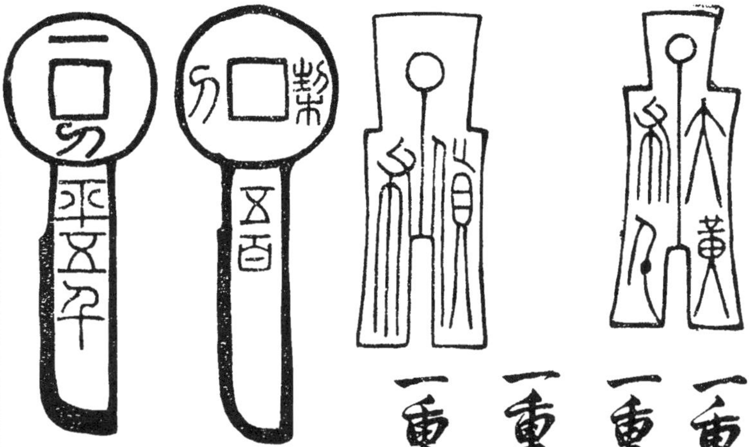

一重五錢 一重四錢七分 一重四錢三分

一重四錢一分 一重四錢 一重三錢四分

一重三錢一分 一重二錢九分 二布過一兩餘不足

一重五錢 一重四錢八分 一重四錢七分

一重五錢 一重四錢七分

一重四錢二分

一重八錢二分 一重八錢

一重七錢五分 一重六錢二分

較唐開元泉之輕重

新唐書食貨志武德四年鑄開元通寶錢徑八分重二銖積十錢重十兩其文以八分篆隸三體世所傳開元通寶無異文者蓋一體之中兼八分篆隸是合三體爲一體也古權論銖不論錢以十錢爲一兩自開元始今以開元通寶輪廓完好者十枚平之重今湘平一兩四分適合庫平一兩其情有

京洛洪福等字者武宗會昌時所鑄揚州節度使李紳始於錢背加昌字以表年號進之遂敕鑄錢之所各以本州郡名爲背文大澂所藏有二十二字輕重不甚相遠並圖之附於開元之後

十枚共重湘平一兩四分

權衡度量實驗攷

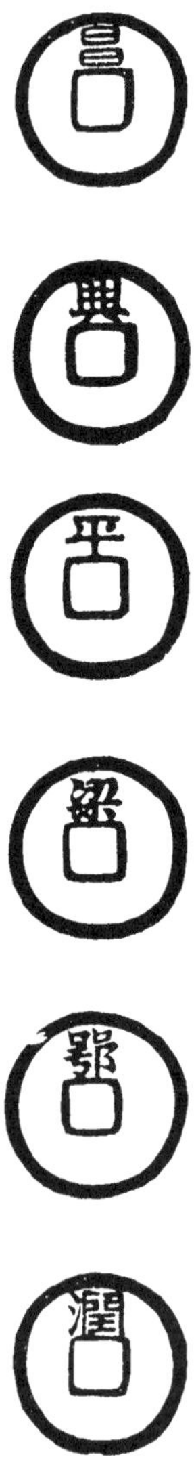

以上十四枚共重湘平壹兩四錢

以上九枚共重湘平九錢七分

奉使吉林日記

路郵記里

通州 四十里 夏店 [illegible] 棗林 二十五里

邦均 四十五里 宿 陰流 三十里 别山 二十里

玉田 五十里 宿 豐閏 八十里 榛子鎮 五十里 宿

沙河驛 五十里 永平府 六十里 宿 雙望 三十五里

撫邑 三十五里 宿 深河 四十里 紅瓦店 五十里 宿

老君屯 三十里 錢前衛 五十里 宿 中後所 五十里

沙後所 五十里 宿 甯遠州 三十五里 連山 宿 三十里

高橋 三十里 宿 松山 三十六里 雙陽店 三十里

青[illegible]沙

十三站　五十里　宿　呂陽驛　四十里　小孤家子　五十里　宿

中安堡　三十里　小黑山　三十里　胡家窩鋪　二十里　宿

半拉门　五十里　白旗堡　三十里　新民屯　五十里　宿

巨流河　二十里　孤家子　十五里　老邊　二十五里　宿

香三家　二十里　奉天　四十里　宿　大窪　三十里

青水台　四十里　范家屯　二十里　宿　沙子河　二十里

鏡山嶺　二十里　孫家台　五十里　九財　四十里　宿

亞云门　三十里　棉花街

烏云堡門疑即
威遠堡門

奉天至吉林路程

浦河 四十里 一路 三十里 遼河屯 四十里

鎮山嶺 二十里 高麗站 十里 孫家台 四十五里

烏遠（云）堡門 五十里 楊木林子 五十里 夜河站 二十五里 旹即葉赫站

英蒿不見 二十五里 火石嶺子 二十五里 小放山 五十里

大放山 三十五里 山家子 五十里 雙陽河 三十里

叉路河 五十五里 一五氣 三十里 大隱河 四十五里

吉林 四十五里

奉使吉林日記

四月廿一日出東便門至雙橋尖晚宿通州東門外恒裕店 三弟送至通州 潘子静柯巽庵兩孝廉試畢南歸亦訂同行 通州牧高星槎建衡來晤

廿二日午前答州牧高星槎訪高雨人太守同善述吉林地方情形甚詳午後高雨人來答 出示吉林金廠圖 作家書 致鄭盦軒觀察書

廿三日黎明三弟送余登車行二十里至半壁店又二十里至夏店打尖又六十五里至邦均宿

三河縣何際雲大令世翔中途迎謁茶話半

晌邦均則薊州屬矣

廿四日由邦均店至別山五十里尖又五十里至

玉田知縣宿晤費仙洲大令瀛

廿五日行四十里至沙流河鎮又四十里至豐潤

縣尖徐幼岩刺史慶銓時攝縣篆客中邂逅故

人亦可樂也午後行五十里至榛子鎮宿

廿六日五十里至沙河驛尖爲遷安知縣轄六十里

至永平府晤游子代觀察智開心慕十餘年

令貽見之言論丰采迥不同於俗吏民情愛戴

循行卓然爲直省第一循吏已由永平府擢授永

定河道矣盧龍知縣董亦三大令東槐汝縉合肥人經歷

郭蔭亭東槐武陟人

廿七日行三十五里至雙望又三十五里至撫甯縣知令

福曜歸𤁋臣偕文端公之子因病未能一見又四十里

至深河宿

廿八日行五十里至紅瓦店尖又十里至臨榆縣城晤

勞玉初大令乃宣嘉興人才識明練爲教令

[illegible]

中不可多得之器又晤姚春農都統申刻
出關行二十里至老君屯宿為甯遠州所轄
廿九日五十里至前衛尖又五十里至中後所宿中
後所有甯遠州巡檢又設有把總
三十日行五十里至沙後尖午後行三十里至甯遠州
南關宿州牧王嵩壽因病未見是日作先大父事
畧一篇擬乞張幼樵侍講作家傳載入譜牒也
五月初一日大風行三十里至連山尖又三十里至高
橋宿錦縣孫惠之大令汝為未見作謝麐伯

維藩墓誌銘
初二日風未息行三十六里至松山尖　策騎行十八里至
錦州城晤古都統　古尼音布　號子心錦州府增
芝圃太守楊敬亭副戎　鴻禮　爲宋祝三軍门
照料後路事宜亦駐錦州城内略譚片晌出東
门行三十餘里至雙陽店又十里至四通碑　毅軍
步隊駐紮於此又十里至大凌河宿毅軍馬隊
在焉是日共行九十四里
初三日渡大凌河三十里至十三站又十里至望山坡

尖午後行三十里至閭陽驛宿作曾祖母沈太夫人節孝事畧

初四日行五十里至小孤家子尖署廣甯知縣談雲浦大令廣慶來晤談及地方詞訟知其勤於聽斷到任甫及兩月清理積案不少民間亦稱其公正勤明有循吏之風奉省州縣中不可多得也係廣東駐防漢軍鑲藍旗進士前經銘將軍調至吉林差委一年於彼處民情吏治言之甚悉午後行三十里至中安堡又十五里至陽春堡又十二里至小黑山宿

初五日 行二十里至胡家窩鋪 又三十里至二道井尖

又二十里至半拉門 三十里至白旗堡宿 署新民廳同知姚洽如明府鎔來晤 銘將軍遣材官四人來迎 是日作家譜序一篇

初六日 行五十里至新民屯尖 又二十里渡巨流河

又十五里至孤家子宿

初七日 行二十五里至老邊 又二十里至香三家 又十里至大石橋宿 上合肥師相書 致張孝達書

初八日 辰刻行廿五里恭謁

青雲書屋寫鈔

昭陵觀
太宗文皇帝聖德碑微雨已刻進城岐子惠將軍岐元
謹書人都統謹德松嵐亭府尹松林恩雲峯少
司農恩福蘇少宗伯蘇勒布少司馬錦佩卿
師綿宜啟穎之少司寇啟秀興誠齋少司空興恩
均出城請
聖安又晤左冠亭軍門寶貴午後拜客遇雨而歸住
南門內滙隆店　承德知佛寶瑞麓山
初九日辰刻恭謁

寄合肥師相書
附家信兩封

福陵觀

太祖高皇帝聖德碑已刻田城 作家書 午後拜客

申刻赴同官公讌在府尹松嵐亭府中

初十日 微雨 行四十里至蒲河尖 雨甚 又三十里至懿路

茶尖 晴 又二十里至范家屯宿

十一日 行五十里至高麗鋪（度鐵嶺縣街） 鐵嶺縣毛南谷大令（慶）來

晤 又五十里至孫家台宿 開原縣張康侯大令（錫蕃）來晤 常州人

十二日 行四十五里出威遠堡門 尖 始入吉林境 兩面皆

[illegible]馬步

山龍岡起伏不斷林木蔥茂晴嵐野滴不見地脈之厚矣午後行三十五里至蓮花站宿

十三日行五十里至葉赫站又二十五里至英苟不見又二十五里至火石嶺子宿

十四日行三十五里至葉赫蘇站又二十五里至小孤山又三十五里至大孤山宿即阿勒談額墨勒站也是日共行九十五里

十五日行三十五里至伊通河茶尖見巡檢吴國培知人健帥之族姪也又二十五里至伊巴丹尖俗謂

之驛馬站午後行二十里至三家子又四十里至蘇瓦
延站宿俗謂之雙延河　是夜月食既
十六日行四十里至長山嶺子茶尖又十五里至伊勒們又
二十里至岔路河尖又五十五里至蒐登站宿是日
共行一百三十里
十七日行三十五里至蕭家店尖又三十里至吉林省
城　銘鼎臣將軍暨崑圃都統均出城恭請
聖安因新修官廨尚公所尚未竣工借寓城內北大街
之永升店將軍都統來晤申刻往答

青雲書屋偶鈔

十八日辰刻与將軍都統同赴各廟求雨午前
將軍來暖閣出示摺稿及遞次接奉
廷寄午後拜客
十九日辰刻与將軍都統同赴各廟求雨回寓起
摺片各稿恭報到省日期未刻謁將軍商酌
摺稿是夜大雨傾盆農情欣慰矣 接李相國咨文
二十日辰刻作家書 將軍來暖閣出示摺稿片稿代
爲奏刻木質關防及設立邊務局各事宜 午後繕
寫奏摺 致運局書明日有摺差進京屬帶家
寄家書一封

書南行亦由都中轉寄較為便捷

二十一日 繕寫奏件 午後赴會衙奏請添練馬步兵瑩並增撥月餉摺稿

二十二日 辰刻正 將軍府封摺 巳刻拜發 下午讀吉林外紀二冊

二十三日 上合肥師相書 接寧古塔副都統雙福來咨

本年五月初四日據該道河卡倫驍騎校祥泰呈稱探聞俄人帶領伊界居住高麗人等百餘名以及車輛修兩邊道路暗為防探係由嚴杵河俄營起修直至赴海之衙衙大道二邊河卡倫迤南相對俄卡恒道河地方所修道路寬二丈餘須自恒道河奔向距俄卡西南三千餘里黑頂子地方接連修理尚未完竣等情

又接琿春協領瑚圖哩來

青雲書屋[illegible]鈔

文前派驍騎校吉勒圖堪察探俄情去後於五月十四日據該探
由巖杵河俄酋於四月二十八日撥兵五十名並攜大礮二桿赴
雙城子去訖又探得五月初二日由海洋駛來大火輪船一支泊在相距
琿春九十餘里之海參崴南傍停泊載有英國人約有四百餘名
內有華人三十餘名隨帶小火輪船一支上有四五人探試水勢深淺又
登岸上各山頂用千里眼瞭望地理有兩英人畫圖登岸經由陸道直
至巖杵河南北各營瞭望於初七日四船往
東洋去訖此次船上不與俄國例換帖子洋鎗等情　讀吉林外紀一
冊
二十四日為將軍都統因赴各廟求雨　臣將軍府商
改擬稿　四處接甯古塔副都統雙福來咨　據協守烏札庫
太卡防禦少委參領札英額呈稱四月十五日職與俄站頭葛奴達烏嚕
尼牙克會晤一次五月初一日復往快書畢拉與紅土崖俄官巴畢尼
葛林會晤一次初十日職又往紅土崖與該俄官巴畢尼葛林雲尼
果幅哥及隊什克等會見在該處駐歇四日親見火輪船四支

致孝侯書
作家書

由該國撥來官兵實數九百餘名添撥各要口駐紮設立兵房四處俾有馬步兵六七百名操練明年再由該國撥來四千餘戶[illegible]設屯十處並戶撥給官羊槍兩三千桿等情

二十五日與將軍都統赴各廟求雨　至將軍府封摺巳刻拜發　午後讀雍正　上諭冊

二十六日與將軍都統赴各廟求雨　申刻雨

起會銜奏請籌款興修吉林各城摺稿　劉晴嵐太守來即屬帶呈將軍一閱

二十七日讀雍正　上諭半冊　午後將軍來照出示

總署來函　撥復總署信稿

青雲書屋鈔

二十八日由永升店移居官膏局　復州接譚文卿前輩書　將軍都統來晤

二十九日答將軍都統　復程曉峯方伯書　是日大雨竟夕不止

六月初一日与將軍都統同赴各廟拈香　讀書地理志改泥封各印十餘方　顧緝庭同年來　汪子仁來接運局書　戴孝侯書

初二日緝庭來晤　將軍屬擬摺稿預籌咨調余祝三一軍以備不虞

初三日 与將軍都統同赴各廟謝神 午後前冒寒而睡〻醒復大熱 緯庭來晤

初四日大雨 鼎臣將軍邀遊龍潭 辰刻登岸 舟沿江兩岸禾麻葱茂 煙樹迷濛 大似江南風景 午刻到山赴龍王廟拈香 觀龍潭 周圍二十餘丈 水深不知其底 循山崖而南 有神榆一株 樹已半枯 每年將軍致祭一次 午後對雨閑尊 談宴甚樂 酉刻歸

初五日 瘧疾復作 竟日不適 緯庭來晤

寄京信

初六日邀劉晴嵐太守診脈服藥一劑 申刻至
將軍府登樓望江並至後園觀園丁灌菜
五崑圃都統招飲 薄暮歸
初七日辰刻奉到廿九日
寄諭直接運高老陸伯潛書瘧疾復作 午後將軍派
員送來木質關防謝
恩後開用關防 缉庭來晤 作寄書
初八日讀漢書地理志攷漢泥封官印十餘則
至將軍府

初九日 緝庭來晤

初十日 郭梯階協戎、長雲來晤 奉到寄諭一道

十一日 清理書匣 緝庭來晤

十二日 郭梯階協戎來晤 午後至將軍府

十三日 擬馬步各營章程照直隸練軍舊制畧為增減

十四日 擬馬步營制奏稿送 將軍閱定

十五日 至將軍府 接三姓副都統長洛文鈔錄俄國烏蘇哩邊界

米薩爾照會稱貴副都統屬界設卡殊屬有益爾米薩爾擬欲躬親去言謝仍由本屬商等道照兩國和約赴松江通商去時貴副

青長書屋偶鈔

都統善祝示壽伊貴不悞函商應於我兩國所屬大有裨益等語 酉刻將軍來晤 商議松花江設立水閘事宜 擬派緝庭觀察會同協領德鳳占翼長前往辦理

十六日 擬設立水閘奏稿並致總署書 緝庭來晤

十七日 接合肥師相書 為將軍畫紈扇並臨鐘鼎文一方

十八日 復合肥師相書 緝庭來晤

十九日 接戴孝侯書送 將軍閱之 午前將軍來晤 至觀音堂拈香並觀演劇 午後回寓 復孝侯

作家書 二十發 由津轉寄

寄京信

書 家大兄書 復吴平齋丈書 戌刻將軍來晤

二十日 緝庭來晤 商改洛調宗軍奏稿 初二日所擬

申刻至將軍府 改王夔石侍郎書 緝庭明

日赴津 夜飯後至永升店送緝庭行

廿一日 上吴興相國書 上高陽尚書書 又上寶相國景

大司農二書 改運齋書 申刻將軍招飲

戌刻接運齋書 孝達書 即刻作復

廿二日 為劉晴嵐書扇二柄 書篆屏六幅 對四聯

廿三日 與將軍都統至火神廟致祭 至將軍府拜摺

寄家書[illegible]

寄京信

[illegible]

正摺二件片一件　讀林文忠政書一冊

廿四日讀林文忠政書一冊　書篆屏四幅對四聯　接德鳳

占頤續庭來函知伯力新到俄兵二千餘名並添設大

礮二十四尊　前黑龍江將軍豐漢文　豐紳到吉（新調綏遠城將軍）

廿五日上合肥師相書　致王夔石侍郎書　致孝達書

致運齋書　午刻詣將軍府恭祝

萬壽行禮後入座聽戲　酉刻回　接運齋二信　鄭盦師

二信　徐東甫信　豐漢文將軍來晤

廿六日辰刻恭詣

萬壽宫行禮午刻至將軍府行禮後入座聽戲酉刻
公請豐漢文將軍
廿六日午刻至將軍府恭祝
萬壽行禮後入座聽戲申刻拜豐將軍 送郭棣階協
戎赴琿春 致銅井書寄三姓長都統特文
廿八日讀林文忠政書 題拓本
廿九日題拓本 豐將軍來 德遠菴都護來
午後將軍來晤同至豐將軍處送行
三十日豐將軍啓程入都恭詣
[illegible]

萬壽宮寄請

聖安是日辰刻奉到廿四日

寄諭一道 曾沅甫宮保奉

命督辦奉天防務劉連捷郭寶昌劉維禎各營及宋

祝三一軍均歸節制矣

七月初四日大雨竟日 讀林文忠政書

初五日大雨竟日上合肥師相書 謁將軍府

初六日跋戴孝侯書 祝將軍夫人壽

酉刻歸

寄天津信 抄遞

初四日 上合肥師相書 午後將軍招飲

初五日 復何鐵生前輩信 復彭芍亭中丞信

將軍來晤

初六日 復潘伯寅師信 為將軍書扇

初七日 寅刻接 合肥師相復書 並戴孝侯信

接劉毅齋信 四月十九日新疆喀什噶爾發 至將軍府商撫摺稿

午後撫摺稿 致運齋書

寄諭一道

初八日 復合肥師相書 寄大兄書 奉到七月初六日

初九日 上母親稟函 寄張吉人書 致平齋丈書

青雲書屋鈔

寄津信 附家信

寄京信

初十日 發王廉生書 發鍾六英書 發柳門書

發潘辛芝汪荇田書 午後至將軍府拜摺

明日由水路至三姓 酉刻登舟

十一日辰初解纜 行一百五十餘里 泊地名冷棚 距舒

蘭河口尚有十餘里也 讀惜抱軒尺牘一冊

十二日行二百四十里 泊地名白土山崖子 以陸路計之 距冷

棚一百八十里 吉省至此三百里矣 讀國朝先正事略第

一冊

十三日行二百餘里 泊不知其地名 距伯都訥僅七十里

再讀國朝先正事略第二冊

十四日巳刻抵伯都訥城南門外泊富捷臣都護來晤至都統府答富捷臣請鐵礮三尊帶至三姓以備巡警操演之用午後正擬解纜大風忽起浪高數尺各船頗簸幾不能泊至晚風始定致鼎臣將軍書

讀國朝先正事略第三冊卷四

十五日風息仍不能行午後始解纜行三十餘里即泊距新城陸路不過十二里耳讀國朝先正事略第三冊卷五

青雲書屋偶鈔

十六日巳刻行至三分吉酉刻泊蒙古之大孤屯陸路距新城八十里耳　擬條陳洋務奏稿

十七日行二百數十里泊據土人云地名南北河陸路距新城二百四十里距雙城堡八十里距阿勒楚喀一百八十里　讀國朝先正事畧第四冊

十八日申刻行至哈爾濱戌刻泊北岸黑龍江界距呼蘭城三十五里　讀國朝先正事畧第四冊

十九日未刻過擺渡河口即吉林驛站借用北岸黑龍江地設立五站之渡口南為色勒佛特庫站乃阿勒

楚喀界北為佛斯亨站即黑龍江所屬廳城刻泊

北岸黑龍江地俗名呢尾子　改奏稿並勝片稿

二十日風不利行七十餘里泊北岸黑龍江界地名亞寬

河　讀國朝先正事畧第五册

廿一日行五十里至白楊木即佛雷斯亨站又七十里至瓜

拉泊瓜拉北為富拉渾站　接銘將軍信　接劉晴

嵐余恂卿信　接徐雨之信　復銘將軍信

廿二日行四十里至南天門又一百三十里至羅拉密泊

復銘將軍信　復劉晴嵐余恂卿信　復徐雨之信

致趙印澤信

廿三日行六十里至大古洞六十里至小古洞又三十五里至三姓　晤長閭生都護　在三姓城南门内设立行館巳刻登岸　午後答長閭生都護　韓氏鳳山同來　接家信

廿四日長閭生都護來晤　改奏稿　自繕奏摺二開

廿五日自繕奏摺七開　申刻閭生都護招飲

廿六日擬奏片稿　自繕奏摺七開　改銘軍書

廿七日辰刻上　母親六弟函　復大兄書　復三弟書

寄家書

廿　巳刻拜發奏摺　致鄭玉軒書　寄家信　與潤生都護同赴巴彥通相度形勢爲移營之地酉刻歸

廿四日接銘將軍信寄到防海新論一部　拜潤生都護

午後緯庭鳳占來晤

廿九日觀防海新論一冊

三十日復銘將軍信　致劉晴嵐余恂卿信　致鄭梓階信　觀防海新論一冊

八月初一日致銘將軍信　復戴孝侯信　觀防海新論

青雲書屋偶鈔

初二日 長潤生都護來晤 復郎亭書 上涂朗軒中丞書 午後訪銅井商製水雷法

初三日 銅井來晤 復芝生母舅書 接家信二封 接順之年伯書 李芝同年書 汪樵田書 劉芝田書 戴孝侯書 李勤伯書 何芝生書 接繼略六百里要板信 燈下復繼略書

初四日 自繕復繼略書申刻發 銅井來晤

初五日 雨 復孝侯書 銅井來晤

初六日 雨 致銘帥軍書 致劉晴嵐余恂卿書

接銘將軍信並咨文一件 奉到七月廿六日
寄諭一道 撫覆奏稿 又致復銘將軍書上合肥師相書
接趙印潭信即復
初七日雨 復辛芝書 汪蓷田書 華帽山書 何芝生
書 銅井來晤
初八日晴 復李華甫書 張季文書 薛虹如書
致屠時甫書 復葛東生書
初九日致沈吉田書 復楊賓甫書 午後至西門外查
看鐵練 上母親筆函 復大兄書 復三弟書 銅井來

青雲書屋寫抄

寄家書

初十日致銘將軍書 復吳香畹書託寄南信
復曾寄保書
十一日復馮伯申書 銅井來晤 接銘將軍信
十二日致張香濤書 致陳壽卿前輩書 致徐東甫
書 復銘將軍書 致邵康民書
十三日赴巴彥通相度營盤地基 酉刻歸
十四日再赴巴彥通親督量丈各哨營房基址
酉刻歸
十五日招銅井鳳占來寓便酌 申刻閻生郝謹招

飲　蔣蓉田庚銅井來夜話

十六日接銘將軍書　銅井來晤　復銘將軍書

復劉晴嵐余悔卿書　復玉崑圃都護書

十七日亞德鳳占翼長處祝其母夫人壽　午後約

闊生都護同至西門外江邊丈量堤岸　銅井同往

酉刻歸鳳占招飲　接銘將軍書

十八日復銘將軍書

十九日致戴孝侯書　致趙印潭書

二十日移住巴彥哈達綏字中營內　四更時過利夾板

青雲書屋寓鈔

批迴原摺一件係廿七日所發 接喜桂亭書 接合肥師相書

二十一日長閏生都護來晤

二十二日致銘將軍書 著飭弁勇在山頂起築礮台一座是日築四尺高 銅井來晤

二十三日著飭弁勇挖濠 大風竟日

二十四日復合肥師相書

二十五日接戴孝侯信 接吳江相國書

二十六日復孝侯信 致銘將軍書

二十七日

寄家信

二十八日復沈經笙太夫子書

二十九日

九月初一日接銘將軍書即復　進城祝長潤生都

護夫人壽　申刻回營大風雨雪

初二日

初三日復銘將軍書

初四日復鄭玉軒書　上母親第函　致大兄三弟書

初五日復吳廣菴書　作吳平齋封君七十壽序

致邢康民書

青雲書屋寫抄

初六日 跋長閒生都護書 起浴稿二札稿二

初七日 復江佩之書 復華帽山書

初八日 稽核營中一切帳目

初九日 復高雲帆書 上吴江相國書

初十日 長閒生都護來晤 接銘將軍書 張孝達書

十一日 復張孝達書

十二日 復銘將軍書

十三日 上高陽尚書 暨寶侍郎書 跋鄭玉軒顧康民書

十四日 擬安插赫哲奏稿 並章程八條

十五日戴孝侯來同往東崖相度營基

十六日將營中一切事宜交戴孝侯接管午後與孝侯同舟回城　是日皞民由南路查勘荒地回寓繪圖呈閱知翁皆河南百餘里外可放之荒不少大半皆膏腴也　接銘將軍書

十七日長閏生都護招飲　席散啓程渡江閏生都護及皞民孝侯送至江干　是晚宿妙嗜山站

十八日行六十里宿鄂勒國木索站　復銘將軍書

致戴孝侯書

青雲書屋寫抄

十九日行四十五里至烏那琿尖　又四十五里至崇固
魯庫站宿
二十日行四十里至金溝河尖　又二十里至富拉琿宿
接孝侯書即復
二十一日行三十里尖　飯後過濃濃河又四十里至佛斯
亨站　接總署公函即復　是夜大雪
二十二日行二十里渡江而南　在擺渡河尖　行五十里至
伊屯河宿
二十三日四鼓開車行三十里　黎明至色勒佛特庫

站（俗名夾板站）尖 又行六十里至第子溝宿
二十四日晨過黄山嘴子至滿家店四十五里尖午後
至叟克圖站二十五里茶尖 又行二十五里至漥渾
河宿
二十五日五鼓開車行三十五里渡阿什河又五里至
阿勒楚喀城晤富春軒都護 致馮伯申書
致鄭玉軒頤康民書
二十六日行五里過白城子即金之故都也土人往往掘
地得古泉及金銀器物 又十五里至薩庫里站

青雲書屋偶鈔

尖 又六十里至拉林城宿

二十七日二十里至多歡站茶尖 又五里渡拉林河尖

俗名牛頭山 又四十里至大嶺宿

二十八日

二十九日行 里至法特哈门尖 又 里至舒蘭站

宿

三十日三鼓開車渡舒蘭河行五十里至烏拉城尖 又

四十里至舊站茶尖 雨又三十里至吉林省城

十月初一日清理各項帳目 午後至將軍府

初二日擬三姓放荒奏稿　擬改安插赫哲章程
初三日擬添練各軍營制奏稿
初四日擬三姓請撥隨缺地畝片稿　午後至將軍
府商改各奏稿
初五日擬三姓水關請設稅局奏稿
初六日復戴孝侯信
初七日復長閬生都護信　喜貴亭參贊附吉興
將軍都統同信
萬壽宫跪請

青雲書屋偶鈔

聖安

午後玉崑圖都護來回函 喜貴亭處

皞民自三姓歸夜譚良久而去

初八日擬覆奏松花江水路情形奏稿 午後函將軍

府 喜貴亭參贊來晤

初九日因三姓轉運軍火船隻在伯都訥阻凍不能前

進 趙鳳占森垣回函 將軍府與晴嵐惕卿商議雇

車轉運之法因一時進急不免動火矣

午後函 喜貴亭處

初十日辰刻恭詣

萬壽宫行禮 德鳳占富森堂余伯仰同來

十一日辰刻至北門外敲搨碑 喜貴亭泰贊閲操

十二日復戴孝侯書

十三日改勇步營制十二條爲十六條

十四日

十五日邀鳳占五堂如嵩山森堂晴嵐伯仰懷卿緯

庭夜飲

十六日寫家信

十七日致張孝達書

寄[illegible]寫聖謨抄

十八日

十九日復彭芍亭中丞書

二十日未刻至 將軍府封摺拜發

廿一日黎明出城搬至木魚河窯訪韓邊外改服旅裝令勇目牟振邦爲前導策騎而行僅帶僕人張祥車夫郭四而已至小藍家屯尖至桂子溝宿是日僅行三十里泥凍路滑馬行不能迅速耳

廿二日四鼓即起行十五里天始明又十五里至穿心店尖又六十里至孫家店宿

廿三日黎明行二十里至長山屯子尖又六十里渡松花江又十里至樺樹林子宿彼處有韓邊外舊開燒鍋鋪房一所前後數十間久已歇業有夥友李姓在彼照料是夜先屬牟振邦至木其河傳諭韓邊外勿生疑慮約明日見面

廿四日由樺樹林子至木其河中有大山嶺甚峻韓邊外出迎道左遂至其家門有公明正直四字匾係澂河民人公送因問其夾皮溝金苗尚旺否曰近年不旺矣尚有金匯否曰貧民偷挖三五成群時來時去獲利

青雲壽星閣抄

無幾並無大股衆挖之人余曰現擬弛禁招商納稅有無承領之人曰此事實無把握不敢承領如開禁而金苗不旺稅無所出徒費工本無益於國計無益於民生不如不開禁也是日與韓邊外同屋而睡示以坦白無詐無虞因與開誠布公曉以大義宣播朝廷德意寬其既往予以自新集衆裁撤俾零勸其進城一見將軍總以年老不能任事為詞猶狐疑不自決耳

廿五日晨起屬韓邊外之姪韓壽使韓壽妻再三
開導乃幡然悔悟曰只求出來赤心為 國君殫
勞苦令吾得見天日不終於虞棄雖赴湯蹈火
亦所不辭遂約明日同行余因作書告知將軍適
將軍亦遣岳福林帶親兵四人前來迎護余呂世家
中上下人等各賞錢一千親自點驗共一百二十餘人
親族傭工均在其內是日仍宿韓邊外家
廿六日午刻啟程行二十里至樺樹林子宿是夜四鼓
時有劉歪膊子從教東城來持趙令敦誠諭帖提

至樺樹林子劉歪脖子者名劉允芳向係金匠頭
自投歸趙令派為南岡一帶練總因其與韓邊外
素所熟悉囑其招至敦東城面為曉諭也
廿六日黎明起仍與韓邊外同行敲冰渡江行七十里
至長山屯子宿
廿七日行二十里至孫家店茶尖又三十里至四間房
尖又三十里至穿心店宿距城六十里
廿八日行三十里至樺子溝茶尖又十五里至大蘇家
屯尖又十五里進城道旁觀者如堵牆皆云韓

邊外有此一日可知其平日存心忠厚從此撥雲霧而見天日為吉林去一大病矣 至將軍府 將軍問韓邊外來以為一喜一懼蓋因屢次被控奉命查辦前案尚未了結恐有浮言 別生枝節耳 破墩民東晤 依克山都護 依克唐阿來晤

十月初一日 韓邊外來同至依克山處 德遠庵喜貴亭處 即在貴亭處中午飯 飯後至教場閱操 申刻至 將軍府 其翁出示韓效忠被控五案卷 至至都統處

寄京信

寄家信

初二日撰摺稿　晦民來留之夜飲

初三日致張孝達書　上吳江相國高陽尚書書

初四日上合肥相國書　致鄭玉軒書　午刻招貴亭

遠菴堯山飲　復戴孝侯書

初五日寄母親一函　寄大兄三弟書　紀招接韓邊

外事

初六日致宋祝三書　未刻至將軍府封摺拜發

復長閏生書

初七日至喜貴亭依堯山處　至將軍都統府辭行

明日啓程赴甯古塔也

初八日辰刻至出東門行四十里至茶棚尖又二十里至江密峯宿 致汪棣田書 復華帽山高雲帆書

初九日行四十里至額和木站尖又三十里至七道河宿

復沈吉田書 復潘辛芝書 復江佩之張季文書

初十日辰刻過老爺嶺行五十里至拉法站尖又二十五里至苦不了河宿

十一日行四十里至退搏站尖 三十里至張才嶺下宿

十二日過張才嶺行五十里至義氣松站尖又四十里至

青雲書屋鈔

額木和索羅站宿

十三日行五十五里至張家店尖又二十五里至搭拉站宿

十四日行二十五里至朱墩尖又四十里至畢爾罕站宿

十五日行四十里至花梨木尖又二十里至沙蘭站宿

十六日三鼓起行四十里至藍旗溝尖天未明也又四十里至寧古塔城寓九如樓往遠菴都護雙如山金五堂劉俊卿諸統領來晤　申刻答德遠菴都護

十七日答雙如山金五堂劉俊卿諸統領接將軍信

寄家書

十八日復銘將軍信 午後偕卿帶東洋槍隊操演一次

十九日作家信 德遠菴都護招飲

二十日復郋亭書 上合肥相國書 致銅井書

偕卿呈送肇字軍馬步三營花名册點驗一過

二十一日致戴孝侯書

二十二日致張孝達書 致馮伯申書 致顧康民書

致文煥卿書 午後至教場觀肇軍各舟勇施放十三響槍

青雲書屋偶鈔

二十三日往遠菴都護招飲
二十四日由甯古塔啓程赴琿春是日行四十里至
七間房尖又三十里至東京城宿即佛訥和古城
二十五日行二十里至馬蘭河又二十里至斗溝子尖
又三十里至窩棘口宿是日午刻在斗溝子接到
兵部火票遞回原摺並奉到十月十三日
廷寄諭一道
二十六日行二十五里至老松嶺下薩奇庫卡倫尖
又行二十五里過老松嶺至三道河子茶尖又

三十五里至駱駝嶺子宿

二十七日行四十里至阿密達尖又四十里至噶雅河宿

二十八日行二十五里至蓋片尖又十里至里青有卡房一所即路傾卡倫也又十五里至五人班宿五人班者旗民閑清德合五人為夥入山捕採卜居於此今五人相繼淪謝獨閑清德存年已七十餘有子有孫陶然自樂也

二十九日行二十里至大坎子尖又二十里至和尚窩棚老

僧七十五了病不能行其徒四十五歲亦病僧也又逾一嶺
俗名高麗嶺行二十五里至徒爾同宿即穆克德
赫卡倫
十二月初一日行二十餘里至涼水泉子有平川地數百晌
沿圖們江而東有一小山孤立江邊形如紗帽又東南
二十餘里至塞占宿郭副將徒協領均帶隊來迎
初二日行六十里至琿春中有一山嶺白無山嶺紆迴數里
自山嶺以東一片平原可墾千餘晌之地是晚宿郭
副將所蓋營房內儼如山金五堂來晤

初三日 答如山五叠徐協領 下午回營 致銘將軍書

初四日 接銘將軍書 致銅井書

初五日 赴教場閱操點名 午後回營

初六日 復銘將軍書 復文煥卿書

初七日 上總署書 上徐中丞書 下午赴琿春鎮辭

行晤如山五叠徐協領

初八日 啟程回省 行六十里宿密占

初九日 行九十里至嘎雅河宿

初十日 由嘎雅河繞東南行過二道領 由南而西 由西而北

青雲書屋偶鈔

又過一大山嶺路達海陵河口（有窩棚一所）又十餘里至清塔嘴
子劉家鹽鍋宿是日約行九十餘里人馬俱乏尋
路者誤以為七十里也
十四日由清塔嘴子至珠子姑堂圍練會房三十五里尖
又三十里至官道口又五里至釣魚臺宿
十五日行三十里至白石磖子尖午後過一嶺峰巒秀
麗群松環峙行過一二里如石岩子畫令人仰細不
忍去也行十五里至榆樹川有窩棚數間又二十
五里至五箇頂子宿

十三日行三十里至土門子尖又三十里至滚牛磖子又十里至練兵臺宿趙麻子窩棚

十四日五鼓開車行二十五里至哈尔巴嶺底又過嶺十五里尖又十里至涼水泉子又三十里至黄駝腰子宿

是日行八十里

十五日行二十四里至沙河鎮尖（俗名甩灣子）又十里至二合店趙松年大令（敦誠自敦東城來晤）又三十里至通溝宿

十六日行二十五里至卡尾河尖又二十五里至三岔口又

青雲書屋寫鈔

二十里至額木赫（和）索羅站宿奉到十一月初一日

廷寄一道

十七日行四十里至義氣松站尖午後過張才嶺至

嶺下劉家店宿是日共行九十里

十八日行三十里至退搏站尖又三十里過拉法河至義

氣園子茶尖又三十里至豆陵屯宿

十九日行（三十里至太平屯又）四十里至富鄉郵尖又三十里過海清嶺茶

尖又四十里過慶嶺至樂泉溝馬家店宿

[illegible][illegible]書屋[illegible]鈔

管帶吉林二起馬隊官兵儘先即補協領花翎佐領委營總雙全
藍翎儘先防禦驍騎校委參領春明
花翎驍騎校委參領慶魁
藍翎領催儘先即補防禦委防禦慶雲
藍翎披甲委驍騎校慶林
藍翎披甲儘先即補驍騎校委筆帖式永琳
藍翎披甲儘先即補驍騎校委官維祥

威遠堡管理邊務戶部主事慶勳
威遠堡邊門章京防禦果錡斯琿
吉林七起肆拉蘭五品花翎儘先驍騎校領催委防禦德隆阿
蒙古和羅站五品頂戴領催委官劉文魁
管理西路界址事務四品花翎防禦慶祿
署赫爾蘇邊門藍翎筆帖式德克錦
暫署吉林七起馬隊官兵營總事務雲騎尉委參領雙慶
赫爾蘇站領催委官徐文彬
二拉蘭領催委防禦署參領永海
大孤山站驍騎校雲騎尉委參領常德

青雲書屋寓鈔

阿勒談額墨勒站領催委官銀永祿
東路界官雲騎尉連貴
伊通西路界官四品花翎防禦慶祿
管帶伊通巡防馬隊官兵四品花翎驍騎校委參領慶福
蘇瓦延站署領催黄維才
蒐登站筆帖式博勤忠武
蒐登站領催委官謝文昇
左佐臣　歸梓卿　劉景芳　歸紫垣

青雲書屋偶鈔

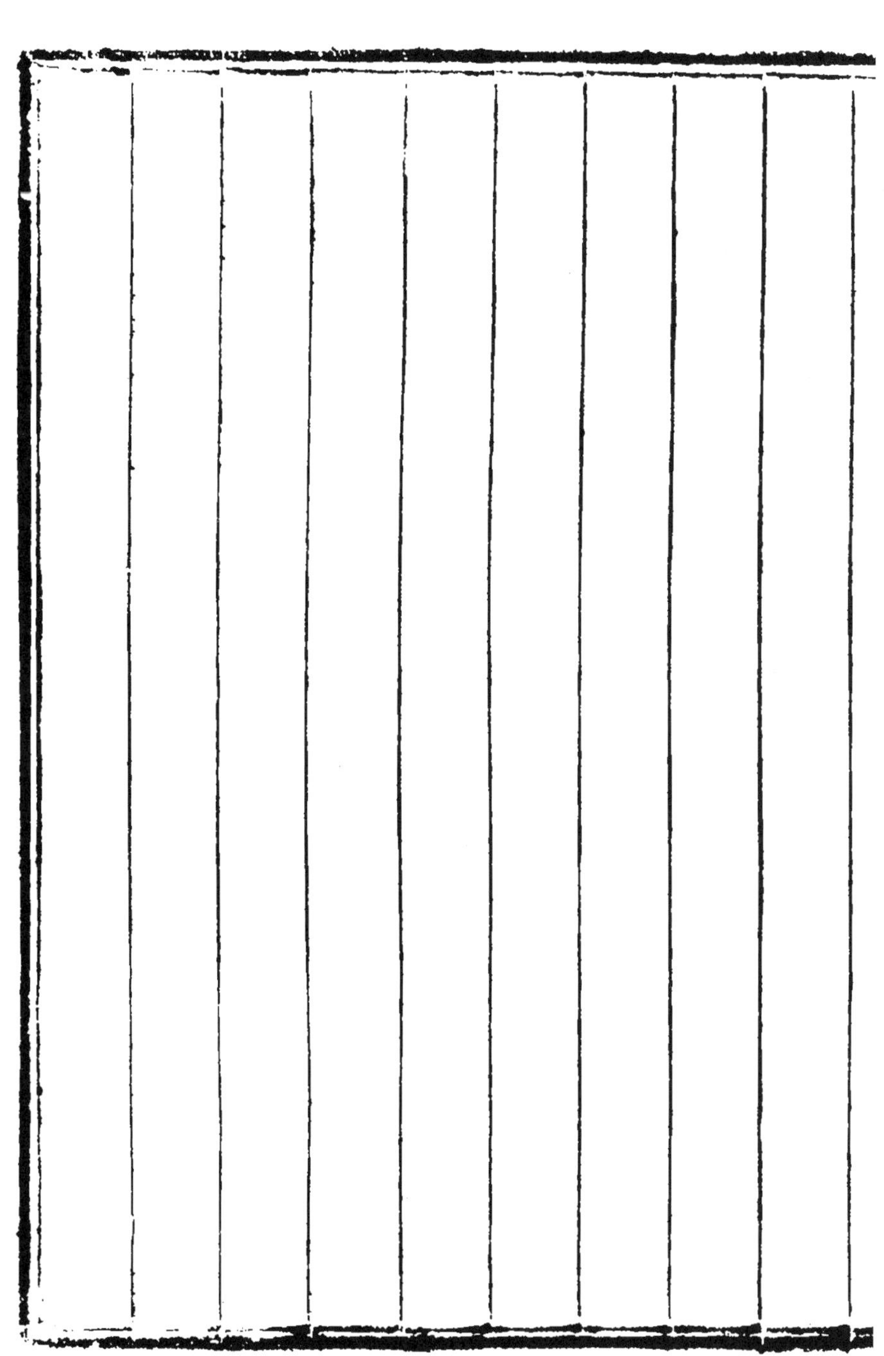